0394

Cálculos Trabalhistas

**PARA ROTINAS, LIQUIDAÇÃO DE SENTENÇAS
E ATUALIZAÇÃO DE DÉBITOS JUDICIAIS**

Conselho Editorial
André Luís Callegari
Carlos Alberto Molinaro
Daniel Francisco Mitidiero
Darci Guimarães Ribeiro
Draiton Gonzaga de Souza
Elaine Harzheim Macedo
Eugênio Facchini Neto
Giovani Agostini Saavedra
Ingo Wolfgang Sarlet
Jose Luis Bolzan de Morais
José Maria Rosa Tesheiner
Leandro Paulsen
Lenio Luiz Streck
Paulo Antônio Caliendo Velloso da Silveira

Dados Internacionais de Catalogação na Publicação (CIP)

R713c   Rocha, Gisele Mariano da
    Cálculos trabalhistas para rotinas, liquidação de
sentenças e atualização de débitos judiciais / Gisele
Mariano da Rocha. – 6. ed. rev. atual. Porto Alegre:
Livraria do Advogado Editora, 2016.
    146 p.; 21 cm.
    ISBN 978-85-69538-24-0

    1. Cálculo trabalhista. 2. Salário. 3. Liquidação
da sentença. 4. Débito trabalhista. I. Título.

CDU – 331.2

Índice para catálogo sistemático
Cálculo trabalhista
Salário
Liquidação da sentença
Débito trabalhista

(Bibliotecária responsável: Marta Roberto, CRB-10/652)

Gisele Mariano da Rocha

Cálculos Trabalhistas

**PARA ROTINAS, LIQUIDAÇÃO DE SENTENÇAS
E ATUALIZAÇÃO DE DÉBITOS JUDICIAIS**

6ª EDIÇÃO
revista e atualizada

Porto Alegre, 2016

© Gisele Mariano da Rocha, 2016

Capa, projeto gráfico e diagramação
Livraria do Advogado Editora

Gravura da capa
Stock.xchng

Revisão
Rosane Marques Borba

Direitos desta edição reservados por
Livraria do Advogado Editora Ltda.
Rua Riachuelo, 1300
90010-273 Porto Alegre RS
Fone: 0800-51-7522
editora@livrariadoadvogado.com.br
www.doadvogado.com.br

Impresso no Brasil / Printed in Brazil

*A todas as pessoas que fazem parte
da minha vida e a ela dão sentido...*

Prefácio

Foi com grande satisfação que aceitei o convite, e o desafio nele contido, de prefaciar a presente obra, abalizado pela experiência acumulada em quase duas décadas de envolvimento com o Direito do Trabalho, nas condições de Acadêmico, Advogado Militante e, finalmente, Magistrado, além de estreitos laços de amizade mantidos com sua autora.

Cálculos Trabalhistas para Rotinas, Liquidação de Sentenças e Atualização de Débitos Judiciais, por sua objetividade e simplicidade, diante das inúmeras dúvidas que comumente cercam a matéria, representa uma prodigiosa e frutífera tentativa de auxiliar os operadores do Direito na resolução de suas dúvidas básicas e cotidianas, de forma rápida e didática, acerca da matéria.

Cabe elogiar, por meritório, a didática e a metodologia utilizadas, voltada à análise simplificada e compreensível da composição da base de cálculo das rubricas que compõem os principais direitos sociais arrolados, de forma exemplificativa, no artigo 7° na Carta Constitucional de 1988, considerando, como a própria refere na nota introdutória, a *"necessidade imperiosa na atual conjuntura socioeconômica de nosso país, seja para evitar injustiças com o empregado, seja para prevenir problemas com órgãos governamentais, seja ainda para evitar futuras demandas judiciais, garantindo segurança nas relações de trabalho".* (grifo nosso)

Assim, há que se ter em mente que o manual que se anuncia, como o próprio termo permite denotar, se trata de um acompanhamento prático e necessário, ao alcance de todos os sujeitos sociais envolvidos com a atividade produtiva laboral, e não apenas operadores do Direito, sem qualquer pretensão de esgotar a matéria, o que representaria objetivo inalcançável diante da complexidade com que esta se reveste em uma sociedade marcada pela fluidez das relações e pela velocidade de suas alterações.

Mais uma vez, parabenizo a autora pela iniciativa e pela clareza que pautaram seu trabalho, agradecendo-a, enquanto destinatário de sua obra, pela contribuição à doutrina juslaborista.

Porto Alegre, março de 2003.

Ricardo Hofmeister de Almeida Martins Costa

Juiz do Trabalho
Professor Universitário

Sumário

Introdução 13

1. Definição das Verbas Salariais 15
  1.1. Salário mínimo 15
  1.2. Salário mínimo regional 15
  1.3. Salário-base 16
  1.4. Piso salarial 16
  1.5. Salário profissional 16
  1.6. Salário normativo 16
  1.7. Salário 16
  1.8. Remuneração 17
  1.9. Salário-utilidade ou *in natura* 18
    1.9.1. Reflexo no salário rural, caso seja fornecida moradia sem
      o contrato da habitação 20
  1.10. Salário-hora e jornada mensal 20
    1.10.1. Fórmulas de cálculo do salário-hora 21
  1.11. Salário-dia 22
  1.12. Remuneração variável – salário comissionado 22
  1.13. Salário compressivo 23

2. Jornada de Trabalho 23
  2.1. Banco de horas 25
  2.2. Regime de tempo parcial 26
  2.3. Horas de sobreaviso 26
  2.4. Regime de prontidão 27
  2.5. Escala de revezamento 27
  2.6. Turnos ininterruptos 28

3. Hora Extra 28
  3.1. Formas de apuração do número de horas extras 30
    3.1.1. Formas de cálculos 31
  3.2. Média de horas extras 31
    3.2.1. Formas de cálculos 32
  3.3. Adicionais de hora extra 33
    3.3.1. Fórmulas de cálculos 33
  3.4. Composição do valor de hora extra 34

3.4.1. Formas de cálculos 34
3.5. Adicional de hora extra no trabalho comissionado 34
3.6. Reflexos de horas extras 35
    3.6.1. Sobre as férias 35
    3.6.2. Sobre o 13° salário 35
    3.6.3. Sobre o aviso-prévio 36
    3.6.4. Sobre o repouso semanal remunerado 36
        3.6.4.1. Fórmula prática para encontrar o reflexo
             sobre o RSR 36

4. Repouso Semanal Remunerado - RSR 37
4.1. Formas e fórmulas de cálculos para o RSR 38

5. Hora Noturna 39
5.1. Horas noturnas do trabalhador rural 40
5.2. Horário reduzido 40
5.3. Adicional noturno e valor da hora noturna 41
    5.3.1. Formas e fórmulas de cálculos 42

6. Adicional de Insalubridade 43
6.1. Formas e fórmulas de cálculos 45

7. Adicional de Periculosidade 45
7.1. Formas e fórmulas de cálculos 46

8. Décimo Terceiro Salário ou Gratificação Natalina 46
8.1. Décimo terceiro salário integral 47
8.2. Décimo terceiro salário proporcional 47
8.3. Primeira parcela 48
    8.3.1. Formas e fórmulas de cálculos da primeira parcela 48
8.4. Segunda parcela 48
    8.4.1. Formas e fórmulas de cálculos da segunda parcela 49

9. Férias 50
9.1. Férias proporcionais 51
9.2. Férias indenizadas na rescisão do contrato de trabalho 52
9.3. Remuneração das férias 52
9.4. Um terço (1/3) constitucional 53
9.5. Abono pecuniário de férias 53
9.6. Fórmulas de cálculos 54

10. Adicional por Tempo de Serviço 54

11. Prêmios, Abonos e Gratificações 55

12. Participação nos Lucros 55

13. Auxílio-alimentação 56

14. Vale-transporte 56

15. Salário-família 57
15.1. Fórmula de cálculo 58

16. Salário-maternidade 58

17. Ajuda de Custo 59

18. Adicional de Transferência 59

19. Fundo de Garantia por Tempo de Serviço - FGTS 59

20. Verbas Rescisórias 61
   20.1. Aviso-prévio 64
   20.2. Acréscimo sobre o FGTS – Multa Rescisória 66
   20.3. Indenização por tempo de serviço 67
      20.3.1. Forma e fórmula de cálculo 68
   20.4. Indenização do empregado estável decenal 68
   20.5. Direitos na despedida do estável provisório 68
   20.6. Indenização do artigo 9º da Lei 6.708/79 e Lei 7.238/84 69
   20.7. Multa do artigo 477 da CLT 69
   20.8. Multa do artigo 467 da CLT 70
   20.9. Indenização na rescisão de contrato com prazo determinado . 70

21. Seguro-desemprego 71

22. Descontos Obrigatórios na Folha de Pagamento 74
   22.1. Contribuição sindical dos empregados 74
   22.2. Contribuição fiscal - Imposto de Renda 76
   22.3. Contribuição previdenciária - INSS 78

23. Contribuição Previdenciária Patronal 80

24. Contribuinte Individual 82

25. Empregados domésticos 84
   25.1. Diaristas 88

26. Sentenças Trabalhistas 89
   26.1. Sentença líquida 89
   26.2. Sentença ilíquida 89
   26.3. Liquidação de sentença por cálculo 90

27. Marco Prescricional dos Cálculos 91

28. Atualização de Débitos Trabalhistas 92
   28.1. Correção monetária 92
   28.2. Tabela única para atualização e conversão de débitos
      trabalhistas 95
      28.2.1. Forma de proceder à atualização pelos índices da
         Tabela Única 96
   28.3. Tabela de fatores de atualização e conversão de débitos
      trabalhistas - FACDT 97
   28.4. Juros de mora 98
      28.4.1. Formas de cálculos 100

29. O FGTS nas Ações Trabalhistas 100

30. Contribuições Fiscais e Previdenciárias nas Ações Trabalhistas . 101

   30.1. Contribuições previdenciárias 102

      30.1.1. Atualização das contribuições previdenciárias 104

      30.1.2. Contribuição previdenciária do empregado 106

      30.1.3. Contribuição do prestador de serviços sem
      reconhecimento de vínculo empregatício 107

      30.1.4. Contribuição previdenciária do empregador 109

   30.2. Incidência do Imposto de Renda nos Débitos
   Trabalhistas 110

      30.2.1. Exemplo de cálculo de Imposto de Renda nas
      ações trabalhistas 112

      30.2.2. Imposto de Renda sobre indenização por danos
      morais e materiais 112

**31. Algumas Dicas Práticas para Proceder aos Cálculos
Trabalhistas** 113

   31.1. Conversão do sistema horário para o sistema decimal 114

   31.2. Exemplo de apuração para contagem de horas extras,
   inclusive as intrajornadas, considerando uma jornada
   de 8 horas diárias com uma hora de intervalo 115

32. Natureza Jurídica das Verbas Remuneratórias 116

33. *Sites* para Consultas, Atualização de Índices e Informações ... 117

Conclusão 118

Obras Consultadas 119

Anexo A
   - Tabela de Incidências do INSS, FGTS e IRRF 120

Anexo B
   - Exemplos de Cálculos de Liquidação 123

Anexo C
   - Índices para Atualização de Débitos Trabalhistas 127

Anexo D
   - Súmulas do TST Relacionadas aos Cálculos -
   Separadas por Assunto 129

Introdução

Este livro trata dos principais direitos trabalhistas garantidos pela atual legislação, focalizando não apenas os aspectos que embasam os cálculos das verbas devidas através das diversas interpretações doutrinárias, como também a metodologia utilizada na elaboração de um laudo de liquidação de sentença trabalhista.

Ao longo da história, a evolução das relações trabalhistas vem evidenciando a importância de conhecer os direitos referentes às relações de emprego e sua aplicação durante a vigência do contrato de trabalho, uma vez que o não cumprimento das obrigações implica penalidades previstas na legislação.

Por outro lado, a prática tem comprovado que atentar o aspecto social reverte em benefícios para o empregador, uma vez que o empregado satisfeito retribui com lealdade e eficiência.

Conhecer as incidências salariais, em uma relação de emprego, é uma necessidade imperiosa na atual conjuntura socioeconômica de nosso país, seja para evitar injustiças com o empregado, seja para prevenir problemas com órgãos governamentais, seja ainda para evitar futuras demandas judiciais, garantindo segurança nas relações de trabalho.

A legislação e a jurisprudência regulamentam as relações de emprego, e as normas coletivas, por sua vez, regulamentam as disposições peculiares a cada categoria profissional e têm força de lei, desde que sejam benéficas ao trabalhador e não entrem em choque com a Constituição

Federal ou a Consolidação das Leis do Trabalho, entre outras, pois, do contrário, prevalecerá a lei hierarquicamente superior. Convém ressaltar que qualquer alteração no contrato de trabalho poderá ser nula, se contrariar o art. 468 da CLT, o qual só considera lícitas as alterações que não resultarem em prejuízos para o empregado.

Enfim, neste livro, encontram-se os procedimentos utilizados na elaboração dos cálculos referentes a cada verba trabalhista específica, de forma fundamentada e prática.

1. Definição das Verbas Salariais

É importante que se faça distinção entre as definições das verbas salariais, pois é nelas que se embasam os cálculos trabalhistas.

1.1. Salário mínimo

Salário mínimo é o valor mínimo, fixado por lei, abaixo do qual nenhum trabalhador que trabalhe em horários e condições normais poderá ser remunerado, conforme estabelece o inciso IV do art. 7° da Constituição Federal/88 e outros dispositivos legais, como o art. 76 da CLT.

O salário mínimo poderá ser complementado com salário em espécie, podendo também ser alcançado através de comissões ou de tarefas, no caso desses tipos de contrato. Porém, no mês em que esses valores não chegarem ao mínimo, é obrigação da empresa complementá-lo. Por outro lado, há que ser independente dos adicionais (noturno, insalubridade, periculosidade) e das horas extras. O empregado que fizer jus a esses direitos deverá ganhar mais do que o salário mínimo.

1.2. Salário mínimo regional

O salário mínimo regional foi instituído pela Lei Complementar n° 103/2000, art. 1°, segundo a qual os Estados e o Distrito Federal podem estabelecer, mediante lei de iniciativa do Poder Executivo, um piso salarial para aqueles empregados que não o tenham definido por lei federal, convenção ou acordo coletivo de trabalho. Essa lei possibilitou a regionalização dos pisos salariais, com valores acima do Salário Mínimo Nacional, sendo levada em conta a realidade socioeconômica de cada unidade da federação. O Salário Mínimo Regional não pode ser confundido com o Salário Mínimo Nacional, uma vez que este continuará sendo fixado por lei federal, nacionalmente unificado, servindo de piso salarial nos estados onde não há o piso regional.

1.3. Salário-base

O salário fixo contratado, também chamado de salário contratual, é pago diretamente pelo empregador, podendo corresponder ao valor do salário mínimo, ou ser superior a ele, ou ainda equivaler ao piso salarial da categoria profissional.

1.4. Piso salarial

É o valor mínimo que um trabalhador de determinada categoria profissional pode receber, geralmente delimitado por leis ou normas coletivas da categoria.

1.5. Salário profissional

É um parâmetro salarial estabelecido por leis que regulamentam atividades profissionais específicas, tais como médicos (Lei 3.999/61), engenheiros (Lei 4.950-A/66), advogados (Lei 8.906/94), dentistas (Lei 5.081/66) etc.

1.6. Salário normativo

É o valor salarial estabelecido em sentença normativa, convenções ou acordos coletivos para trabalhadores de determinada categoria.

1.7. Salário

É composto pelo salário-base, que é a parte fixa, mais a parte variável, constituída por parcelas de natureza salarial, tais como comissões, adicionais, percentagens, gratificações, diárias para viagens (quando ultrapassarem 50% do salário-base) e abonos; enfim, é a contraprestação direta do serviço paga pelo empregador.

Essa definição adotada para salário, geralmente, delimita as verbas salariais utilizadas nos cálculos trabalhistas de 13º salário, FGTS, RSR, Aviso Prévio, Férias, indenizações etc.

1.8. Remuneração

Em regra, não é feita distinção entre os significados de salário, proventos e remuneração, considerados sinônimos. Na legislação e em grande parte do material pertinente, inclusive, fala-se em remuneração numa referência à base de cálculo para verbas trabalhistas.

Entretanto, para alguns técnicos, a remuneração é classificada como genérica, enquanto o salário é específico e, se este é a contraprestação paga diretamente pelo empregador (salário-base + adicionais), aquela inclui inclusive as gorjetas pagas por terceiros, as diárias para viagens (quando não excederem a 50% do salário contratual), os adicionais de transferência e outras verbas eventualmente pagas. Entendimento apresentado na Súmula 354 do TST diz que as gorjetas pagas por terceiros integram a remuneração, porém não servem de base de cálculo para as parcelas de aviso-prévio, RSR, adicional noturno e horas extras. As gorjetas aqui referidas são as pagas por terceiros com liberalidade, não as cobradas em notas fiscais sob forma de percentagem e repassadas ao empregado. O mais habitual é encontrar remuneração relacionada a proventos de natureza salarial, de modo que não convém ser inflexível quanto aos conceitos. O importante não é saber distinguir tais conceitos, mas saber diferenciar seu significado na prática, na medida em que as gorjetas pagas por terceiros, os adicionais de transferência e outras verbas eventuais não servem de base para cálculos trabalhistas. Portanto, independentemente da abordagem encontrada, importa conhecer a natureza das parcelas salariais para saber as que servem de base para os cálculos trabalhistas.

1.9. Salário-utilidade ou *in natura*

Salário-utilidade ou *in natura* é o mesmo que salário em espécie e refere-se ao fornecimento de alimentação, moradia e outras utilidades pelo empregador. Pode fazer parte tanto do salário do trabalhador que ganhe salário mínimo como dos salários maiores, desde que não ultrapasse o percentual de 70%, já que 30% deverão ser pagos em dinheiro, de acordo com o parágrafo único do art. 82 da CLT. Contrapondo-se a esse artigo, existe jurisprudência (Súmula 258 do TST) preceituando que os percentuais fixados em lei relativos ao salário *in natura* apenas concernem às hipóteses em que o empregado percebe salário mínimo, apurando-se, nas demais, o real valor da utilidade.

Se houver desconto do valor das espécies no salário, o valor respectivo serve para complementar o salário e, se o empregador não descontar, integrará o salário ou remuneração para todos os efeitos legais: horas extras, 13º salário, férias, adicionais etc. e incidirá contribuições previdenciárias, fiscais e o FGTS.

Dispõe o art. 458 da CLT:

"Além do pagamento em dinheiro, compreende-se no salário, para todos os efeitos legais, a alimentação, habitação, vestuário ou outras prestações *in natura* que a empresa, por força do contrato ou do costume, fornecer habitualmente ao empregado. Em caso algum será permitido o pagamento com bebidas alcoólicas ou drogas nocivas.
§ 2º não serão considerados como salário, para os efeitos previstos neste artigo, as seguintes utilidades:
- vestuário, equipamentos e outros acessórios fornecidos ao empregado e utilizados no local de trabalho para a prestação dos respectivos serviços;
- educação em estabelecimento de ensino próprio ou de terceiros, compreendendo os valores relativos a matrícula, mensalidade, anuidade, livros e material didático;

- transporte destinado para o deslocamento até o trabalho e retorno, em percurso servido ou não por transporte público;
- assistência médica, hospitalar e odontológica, prestado diretamente ou mediante seguro saúde;
- seguros de vida e de acidentes pessoais;
- previdência privada.

§ 3º a habitação e a alimentação fornecidas como salário-utilidade deverão atender aos fins a que se destinam e não poderão exceder, respectivamente, a 25% e 20% do salário contratual (Lei 8.860/94).

§ 4º tratando-se de habitação coletiva, o valor da habitação do salário-utilidade a ela correspondente será obtido mediante a divisão do justo valor pelo número de coocupantes, sendo vedada, em qualquer hipótese, a utilização da mesma unidade residencial por mais de uma família."

A Súmula 367 do TST tem a seguinte redação sobre salário *in natura*:

"I - A habitação, a energia elétrica e veículo fornecidos pelo empregador ao empregado, quando indispensáveis para a realização do trabalho, não têm natureza salarial, ainda que, no caso de veículo, seja ele utilizado pelo empregado também em atividades particulares.
II - O cigarro não se considera salário utilidade em face de sua nocividade à saúde."

Em se tratando de empregado rural, ou rurícola, existe legislação específica que rege o seu contrato de trabalho. A Lei 5.889/73, que estatui as normas reguladoras do trabalho rural, estabelece os percentuais de até 20% para moradia e de 25% para alimentação, invertendo os percentuais em comparação ao urbano.

A Lei 9.300, de 29 de agosto de 1996, altera a Lei 5.889/73, incluindo em seu art. 9º o § 5º, com a seguinte redação:

"A cessão pelo empregador, de moradia e de sua infra-estrutura básica, assim como, bens destinados à produção para sua subsistência e de sua família, não

Cálculos Trabalhistas

integram o salário do trabalhador rural, desde que caracterizados como tais, em contrato escrito celebrado entre as parte, com testemunhas e notificação obrigatória ao respectivo sindicato de trabalhadores rurais."

Assim, na forma da lei, quando o empregador rural fornecer moradia, se houver em suas mãos um contrato dessa natureza, estará descaracterizado o salário em espécie, e o valor salarial permanecerá inalterado.

1.9.1. Reflexo no salário rural, caso seja fornecida moradia sem o contrato da habitação

a) Valor integrará o salário:

Piso salarial . . . . R$ 500,00
Moradia (20%) . . . . R$ 100,00
Salário mensal . . . . R$ 600,00

b) Para que o valor da moradia não integre o salário, deve constar no recibo de pagamento o desconto:

Piso salarial . . . . R$ 500,00
Desconto da moradia (20%) . R$ 100,00
Saldo líquido de salário . . . . R$ 400,00

1.10. Salário-hora e jornada mensal

Para a apuração de qualquer verba salarial, é necessário conhecer o valor do salário-hora e, para conhecer o valor da hora, é fundamental saber qual a jornada mensal do trabalhador, pois existe relação direta entre elas. A jornada, referida no art. 7º, XIII, da CF/88, de 220 horas mensais é a mais usual, limitando a jornada semanal em 44 horas que, divididas pelos 6 dias úteis, resultam em 7,333 horas-dia x 30 dias (incluídos os dias de repouso) = 220 horas. Para cálculos específicos de horas semanais dentro da jornada de 220 horas, são considerados somente os 6 dias úteis; os dias de repouso estão inseridos apenas na jornada mensal. Muito comum também é a jornada mensal de 180 horas, a qual corresponde a 6 horas diárias, assim como a de 120 horas, e outras que devem estar convencionadas nas normas coletivas da categoria do empregado.

Aqui cabem algumas observações importantes: quase todas as abordagens exemplificativas têm como parâmetro a jornada de 220 horas. Dentro da jornada mensal de 220 horas é considerada a jornada diária de 7 horas e 20 minutos, que corresponde ao quociente *7,33* resultante de 220h ÷ 30dias, englobando os sábados como jornada análoga aos outros dias da semana e computando as folgas semanais remuneradas. Apenas para a contagem da quantidade de horas trabalhadas é que são, efetivamente, consideradas 8 horas de segunda a sexta e 4 horas aos sábados.

É necessário utilizar como divisor o número decimal 7,33, equivalente a 7:20 horas, porque as máquinas de calcular estão reguladas para o sistema numérico decimal, diferentemente do sistema horário. Explicações mais detalhadas sobre o assunto no capítulo 30.1.

220h ÷ 30 dias = 7,33h dia (inserido o RSR)

44h semanais ÷ 6 dias úteis (segunda a sábado) = 7,33h dia

Levando-se em conta que os meses não têm o mesmo número de dias, e que os dias da semana, em relação aos dias do mês, são variáveis, foi elaborada a seguinte jornada mensal em relação às horas trabalhadas, apenas para exemplificar a jornada legal de 220 horas:

24 dias = 4 semanas (44h) de 6 dias úteis	= 176h
+ 4 domingos (RSR) x 7,33h	= 29,32h
+ 2 dias x 7,33h	= 14,67h
30 dias	= 220 h

1.10.1. Fórmulas de cálculo do salário-hora

O valor da hora é calculado dividindo-se o *salário mensal, composto do salário-base + parcelas de natureza salariais*, pelo número de horas da jornada mensal; dividindo-se o salário semanal por 44h ou outro número de horas da jornada semanal; e o salário diário por 7,33, 6h ou outro divisor, dependendo do número de horas diárias da jornada.

- Salário Mensal ÷ 220 horas (divisor 220)
- Salário Mensal ÷ 180 horas (divisor 180)
- Salário Semanal ÷ 44 horas ou outro divisor convencionado
- Salário Diário ÷ 7,33 horas, ou 6 horas, ou outro horário

1.11. Salário-dia

Sempre são considerados 30 dias para o cálculo de trabalho-mês. Para encontrar o valor do dia, divide-se o salário mensal por 30, o salário semanal divide-se por 44 (horas), e o valor da hora multiplica-se por 7,33 (7:20h), em se tratando de jornada de 220h. Quando se tratar de jornada diferente, serão utilizados outros divisores e multiplicadores.

1.12. Remuneração variável – salário comissionado

Forma de remuneração pela qual o empregado recebe um percentual sobre o trabalho que executa, ou sobre a venda que intermedeia. Aos que percebem esse tipo de remuneração são asseguradas garantias de salário, o qual não pode ser inferior ao mínimo ou ao salário normativo da categoria (art. 7º, inciso VII, da CF/88). Também lhes são devidos os repousos semanais remunerados e os feriados calculados pela média de sua remuneração mensal. No mês em que as comissões não atingirem o salário mínimo, ou o piso da categoria, deverá haver complementação pelo empregador.

Em relação às horas extras devidas, os comissionados terão direito apenas ao valor dos respectivos adicionais, porque as horas trabalhadas, mesmo que excedentes à jornada normal, são consideradas remuneradas pelas comissões (Súmula 340 do TST). Vide adiante em Horas Extras.

1.13. Salário compressivo

Esta terminologia caracteriza um tipo de pagamento incorreto, no qual as verbas devidas ao empregado são englobadas num único valor. Mesmo que ultrapasse o montante devido, esse pagamento é considerado nulo perante a Justiça do Trabalho (Súmula 91 do TST), e o empregador ainda fica sujeito à autuação pelas Delegacias Regionais do Trabalho e Emprego.

O 2º parágrafo do art. 477 da CLT estabelece que, no instrumento próprio de rescisão ou recibo de quitação, qualquer que seja a causa ou forma de dissolução do contrato deve ser especificada a natureza de cada parcela paga ao empregado e discriminado o seu valor, sendo válida a quitação apenas em relação às parcelas devidamente detalhadas.

2. Jornada de Trabalho

A jornada de trabalho corresponde ao tempo que o empregado fica à disposição do empregador.

O art. 7º, inciso XIII, da Constituição Federal, preceitua que a duração normal da jornada de trabalho não excederá a 8 horas diárias e 44 semanais (referindo-se à jornada mensal de 220h), sendo facultada a compensação de horários mediante acordo individual escrito (salvo norma coletiva em sentido contrário), acordo ou convenção coletiva de trabalho. Algumas categorias profissionais têm jornada reduzida, como bancários, telefonistas, trabalhadores em turno ininterrupto de revezamento, cuja jornada é de 6 horas diárias e 180 horas mensais. Existem ainda jornadas especiais, regulamentadas para médicos, dentistas, jornalistas, vigilantes, enfermeiros e algumas outras profissões.

Não estão enquadrados no regime de duração do trabalho, conforme preceitua o art. 62 da CLT, os empregados que exerçam atividade externa incompatível com a fixação de horário de trabalho, devendo tal condição ser anotada na Carteira de Trabalho e no registro de empregados, e os que exerçam cargos de confiança, como gerentes, diretores e chefes de departamentos, com gratificação pela função.

São computadas na jornada diária as horas *in itinere*, ou seja, o tempo despendido pelo empregado em condução fornecida pelo empregador para o trajeto de ida e volta ao local de trabalho de difícil acesso ou não servido por transporte público regular; o tempo gasto quando da incompatibilidade de horários de início e fim de jornada com os horários do transporte público regular; e ainda quando existe transporte público regular em parte do trajeto, mas o mesmo é feito por condução da empresa; neste caso, as horas *in itinere* computadas limitam-se à parte do trajeto que não é servido por transporte público regular (Súmula 90 do TST).

Entre duas jornadas diárias de trabalho haverá um período mínimo de 11 (onze) horas consecutivas para descanso (art. 66 da CLT), são os intervalos interjornadas.

Quanto aos períodos de intervalo intrajornada, dispõe o artigo 71 da CLT que, quando a duração de trabalho contínuo exceder a seis horas, será obrigatória a concessão de um intervalo para repouso ou alimentação de, no mínimo, uma hora e, salvo acordo escrito ou contrato coletivo em contrário, esse intervalo não poderá exceder a duas horas. Nas jornadas que não excederem a seis horas, mas ultrapassarem quatro horas de trabalho, será obrigatório um intervalo de quinze minutos; já nas jornadas de até quatro horas, o intervalo não é obrigatório.

Nos serviços permanentes de mecanografia, a cada noventa minutos de trabalho corresponderá um repouso de dez minutos, não sendo deduzidos da duração normal de trabalho (art. 72 da CLT).

Os intervalos de descanso interjornadas ou entre jornadas, assim como as intrajornadas, não serão computados na jornada de trabalho, porém, caso não sejam respeitados, serão considerados horas extras.

2.1. Banco de horas

O excesso de horas em um dia pode ser compensado com a diminuição em outro, segundo a nova redação dada ao § 2º do art. 59 da CLT. As empresas, por meio de acordo ou convenção coletiva, poderão deixar de pagar horas extras por um período de até um ano (12 meses), podendo fazer uma compensação, desde que esta não exceda o limite máximo de 10 horas diárias e 44 horas semanais.

A lei faculta a compensação de horários e a redução da jornada mediante acordo ou convenção coletiva de trabalho, consentindo que o empregador opte por outro horário alternativo, desde que este não ultrapasse 2 horas suplementares diárias, perfazendo no máximo 10 horas diárias e 44 semanais. Essa flexibilização permite que, nos momentos de pouca atividade das empresas, haja uma redução da jornada sem reduzir os salários dos empregados, ficando um crédito em horas para os períodos em que a atividade acelerar, ou vice-versa. Se o sistema for implantado em um período de muita atividade, a jornada aumentada será compensada com folgas ou redução em outra época, desde que dentro do período de um ano.

De acordo com a Súmula nº 85 do TST, nos casos em que não forem devidamente atendidas as formalidades legais para a adoção do regime de compensação de jornada e este for descaracterizado, isso não implicará pagamento dobrado sobre as horas excedentes à jornada normal diária, desde que não se extrapole a jornada semanal, sendo devido em relação às mesmas apenas o respectivo adicional. Isso significa que, sobre as horas excedentes diárias destinadas à compensação, presumindo que já tenham sido pagas como normais, será devido apenas o adicional a elas correspondente. Na hipótese de essas horas ultrapassarem a jornada semanal, deverão ser pagas como horas extraordinárias (valor da hora normal + adicional). A mesma súmula dispõe também que a prestação de horas extras habituais descaracteriza o acordo de compensação de jornada.

Quando houver rescisão do contrato de trabalho sem que tenha havido a compensação das horas extras trabalhadas, o trabalhador tem direito ao pagamento dessas horas, calculadas sobre o valor da remuneração na data da rescisão.

2.2. Regime de tempo parcial

Considera-se trabalho em regime de tempo parcial aquele cuja duração não exceda a vinte e cinco horas semanais (art. 58-A da CLT).

O salário a ser pago aos empregados sob o regime de tempo parcial será proporcional à sua jornada, em relação aos empregados que cumprem, nas mesmas funções, tempo integral.

Para os empregados já contratados, a adoção do regime de tempo parcial será feita mediante opção manifestada perante a empresa, na forma prevista em instrumento decorrente de negociação coletiva.

Os empregados sob regime de tempo parcial não poderão prestar horas extras.

2.3. Horas de sobreaviso

O regime de sobreaviso caracteriza-se pelo tempo que o empregado permanece em sua própria casa, aguardando, através de algum aparelho de comunicação eletrônica, ser chamado a qualquer momento para o serviço. A duração da escala de sobreaviso é de 24 horas, no máximo, sendo as referidas horas remuneradas com acréscimo de 1/3 sobre o salário-hora normal. O entendimento sobre o regime de sobreaviso ainda é controvertido nos tribunais, por falta de disposições legais. Originalmente, na legislação trabalhista, esse regime foi previsto para os serviços ferroviários, conforme art. 244, § 2º, da CLT, mas, por analogia, é aplicado a empregados de outras atividades.

Diante da ausência de legislação específica, decorrem divergências quanto ao critério da remuneração, destacando-se três correntes interpretativas:

a) a que considera que em todo o período de sobreaviso o empregado está a serviço do empregador aguardando ordens, e que, portanto, todo este período deva sofrer acréscimo, à razão de 1/3 sobre o salário normal, mesmo sem ter trabalhado;

b) a que entende que o simples fato de estar de sobreaviso não significa que o empregado esteja o tempo todo à disposição do empregador. Neste caso, somente as horas efetivamente trabalhadas serão remuneradas com o respectivo adicional (1/3);

c) a que considera que, além do tempo de sobreaviso à disposição do empregador, pelo qual o empregado faz jus à remuneração de 1/3 do salário normal, ele deverá perceber o valor de horas extras pelas horas efetivamente trabalhadas.

2.4. Regime de prontidão

Regime de sobreaviso não pode ser confundido com regime de prontidão. No regime de sobreaviso, o empregado fica em sua residência, enquanto, no de prontidão, ele permanece na sede da empresa; a escala de prontidão não pode exceder a 12 horas e só pode ser contínua quando houver alimentação no local; o regime de prontidão é pago na razão de 2/3 do salário normal, enquanto no de sobreaviso essa razão é de 1/3.

2.5. Escala de revezamento

Dependendo da natureza da atividade, o trabalho em domingos e feriados é considerado de necessidade imperiosa ou conveniência pública, necessitando de autorização prévia do Ministério do Trabalho, sendo que muitas atividades têm autorização permanente.

Cálculos Trabalhistas

As empresas que, em função do ramo de atividade, precisarem trabalhar aos domingos e feriados, devem elaborar uma escala de revezamento (sujeita à fiscalização pelas Delegacias Regionais do Trabalho), de maneira que a cada 6 dias trabalhados exista ao menos um dia de repouso e que a cada 7 semanas, no máximo, um recaia em domingo. Já no comércio, o prazo máximo para que o empregado usufrua um domingo de folga é de 3 semanas (MP 388, de 05.09.2007).

O Repouso Semanal Remunerado (RSR) de 24 horas, adicionado ao intervalo de 11 horas entre duas jornadas, corresponderá a um período de descanso de 35 horas, obrigatoriamente.

2.6. Turnos ininterruptos

Algumas empresas, além dos domingos e feriados, necessitam trabalhar 24 horas ininterruptamente, por isso também devem adotar uma escala de revezamento.

Na maioria dos casos em que há sistema de turnos ininterruptos, as jornadas são alteradas, os turnos não são fixos, e os dias de RSR não recaem sempre em domingos, sendo a jornada diária, normalmente, de 6 horas, salvo negociação coletiva contrária. Em outras situações, são trabalhados três turnos com jornadas fixas de 8 horas, porém o dia de descanso não coincide com o domingo.

As escalas sempre deverão considerar essas variações, de forma que sejam respeitados os intervalos entre as jornadas e os repousos semanais.

3. Hora Extra

É considerada hora extra a hora trabalhada que extrapola a jornada legal de trabalho diário ou semanal. A prorrogação da jornada de trabalho vem disposta no art. 59 da

CLT, com alterações pelo art. 7º da CF/88, e regulamentada por legislação complementar.

A duração do trabalho, para a maioria dos trabalhadores, é de 8 horas diárias e 44 horas semanais, conforme art. 7º, XIII, da CF/88. Para a contagem da quantidade de horas trabalhadas na jornada de 220 horas mensais são, efetivamente, consideradas as 8 horas de segunda a sexta e 4 horas aos sábados, diferentemente das abordagens anteriores, cuja jornada diária observada era de 7:20 horas.

A jornada diária poderá ser acrescida de, no máximo, duas horas, mediante contrato escrito entre as partes ou acordo coletivo da categoria, devendo o empregador pagar, obrigatoriamente, como horas extras as horas trabalhadas que excederem a jornada normal.

Nos casos de compensação de horário, não poderá ser ultrapassado o limite de duas horas diárias suplementares, sob pena de pagar o adicional sobre o tempo excedente.

Não serão descontadas nem computadas como jornada extraordinária as variações de horário no registro do ponto, as quais não excederem cinco minutos, observando-se o limite máximo de dez minutos diários (§ 1º do art. 58 da CLT, com redação da Lei 10.243/01).

Também são considerados horas extras o tempo de intervalo obrigatório intrajornada para refeição e repouso e o período mínimo legal entre duas jornadas, quando não respeitados; as horas de percurso ou *in itinere*, quando ultrapassarem a jornada legal; e ainda as horas noturnas excedentes quando da inobservância do horário reduzido.

É pacífico, na legislação e na jurisprudência, que os adicionais de hora noturna, de periculosidade e insalubridade incidam sobre as horas extras. Contudo, há muita divergência quanto à forma de estabelecer o valor da hora sobre o qual incidiria o adicional de hora extra. Uma corrente sustenta que a referência às horas extras tem relação com o número de horas trabalhadas além da jornada normal, e não com o valor dessas horas e que, portanto, todos os adicionais de natureza salarial seriam calculados sobre o valor da hora normal para evitar o efeito cascata: adicional sobre adicional. Já a outra corrente entende que o adicional de hora extra deve recair sobre o valor da hora normal, já acrescida das parcelas de natureza salarial. Hoje, em razão das fundamentações jurídicas encontradas nos enunciados do TST, essa questão está praticamente superada, especialmente pelo estabelecido na Súmula 264 e pela nova redação da Orientação Jurisprudencial nº 47 da SDI, nos seguintes termos: "A base de cálculo da hora extra é o resultado da soma do salário contratual mais o adicional de insalubridade", que vem corroborar a segunda interpretação.

3.1. Formas de apuração do número de horas extras

Para calcular o número de horas extras diárias, deve-se somar o número de horas trabalhadas no dia e deduzi-lo da jornada normal diária.

Para o cálculo do número de horas extras mensais, no caso de um empregado que trabalhe sempre a mesma quantidade diária, não existe dificuldade: basta multiplicá-las pelo número de dias do mês e ter-se-á a quantidade mensal, inclusive com integração nos RSR (Repousos Semanais Remunerados). Nesse caso, para um resultado mais exato, é considerado o número de dias do mês: 28, 30 ou 31. Para calcular o horário suplementar efetivamente trabalhado, multiplica-se o número de horas extras diárias pelo número de dias úteis no mês.

Exemplo: Um empregado que trabalha todos os dias das 6h às 18h, com 1h30min de intervalo para o almoço, labora 2h30min extras por dia. Esse cálculo pode ser equacionado da seguinte forma:

Das 6h às 18h = 12h trabalhadas
diminuir 1h30min de intervalo = 10h30min
diminuir 8h da jornada normal = 2h30min de horas extras
2,5 horas extras x 30 dias = 75 horas extras mensais
(já com integração no RSR).

Pode acontecer de o horário não extrapolar as horas normais diárias, mas extrapolar o horário normal semanal, limitado pelo art. 7º, XIII, da CF/88. Assim, por exemplo, o empregado que trabalha de segunda-feira a sábado durante 8 horas diárias, trabalha 48 horas semanais, já que:

6 dias x 8h = 48h.
Subtraindo-se das 48h trabalhadas as 44h normais, têm-se 4 horas extras semanais.

3.1.1. *Formas de cálculos*

Horas Extras Diárias =
horas trabalhadas no dia – jornada diária normal;

Horas Extras Semanais =
horas trabalhadas na semana – jornada semanal normal;

Horas Extras Mensais =
horas extras diárias x 30 dias (já com integração nos RSR);

Horas Extras Mensais =
horas extras diárias efetivamente trabalhadas +
as horas correspondentes ao RSR (obtidas dividindo o montante dessas horas extras pelo número de dias úteis do mês e multiplicado pelo número de domingos e feriados existentes no mês).

Exemplo:
40 horas extras trabalhadas no mês
RSR = 40 horas extras ÷ 25 dias úteis =
1.6 hora extra/dia x 5 dias (4 domingos e 1 feriado) =
8 horas de RSR
40 horas extras mensais + 8 horas RSR =
48 horas (total de horas extras no mês)

3.2. Média de horas extras

Para o cômputo das horas extras quando a quantidade de horas extras diária não for fixa e para o cálculo dos direitos a que o empregado faz jus, relativos ao décimo terceiro salário, férias, FGTS e integração no RSR, é necessário obter-se a média de horas extras.

Há diversos procedimentos para os cálculos, mas é de consenso que, para obter a média de um período, mesmo que não tenha havido trabalho em horário extraordinário durante todos os dias do mesmo, o número total de horas extras deverá ser dividido pelos dias úteis do respectivo período.

O método mais simples para apurar a média mensal, quando o empregado cumpre horas extras em horários variáveis ou em dias alternados, é somar as horas efetivamente trabalhadas no mês e dividi-las pelo número de dias úteis do respectivo mês. Quando se tem como ponto de partida apenas o número de horas extras trabalhadas na semana, deve-se determinar a média diária, dividindo-o pelos 6 dias úteis semanais; a multiplicação dessa média diária por 30 resultará na média mensal.

Outra fórmula bastante utilizada para encontrar a média mensal é a multiplicação do número de horas extras semanais pelo número de semanas que compõem o mês. Para efeito desse cálculo, o mês possui 4,2857 semanas (30 dias do mês ÷ 7 dias da semana). Assim, a média de horas extras mensais de um trabalhador que cumpra 4 horas suplementares na semana, multiplicado por 4,2857 semanas, é igual a 17,14 horas.

É importante ressaltar que esses cálculos deverão ser utilizados somente nos casos em que não for possível ter acesso a cartões-ponto ou a quaisquer outros documentos de controle de horário que possibilitem a correta e precisa contagem da jornada diária efetivamente trabalhada, garantindo maior veracidade ao resultado final.

3.2.1. Formas de cálculos

Média Diária de Horas Extras =
horas extras trabalhadas no mês ÷ número de dias úteis no mês.

Média Diária de Horas Extras =
horas extras trabalhadas na semana ÷ 6 dias úteis da semana.

Média Mensal de Horas Extras =
média diária de horas extras x 30 dias.

Média Mensal de Horas Extras =
horas extras trabalhadas na semana x 4,2857 (nº de semanas no
mês = 30 dias/mês ÷ 7 dias/semana).

Média de Horas Extras no Período (mensal ou anual)
Somam-se as horas extras dos meses em que houve serviço extraordinário e divide-se pelo número de meses do período a calcular

3.3. Adicionais de hora extra

O adicional de hora extra é o acréscimo, em percentagem, calculado sobre a hora trabalhada que extrapola o
horário normal. O adicional sobre a hora extra habitual integra o salário para todos os fins, inclusive sobre as verbas
rescisórias.

Seu valor é obtido multiplicando-se o salário-hora
pelo percentual estabelecido. A percentagem mínima do
adicional de hora extra, conforme o art. 7º, XVI, da CF/88,
é de 50% sobre o valor da hora normal e de 100% nas horas
extras trabalhadas em domingos e feriados, embora existam percentuais diferenciados, estipulados em dissídios
e convenções coletivas de trabalho de diversas categorias
profissionais.

Alguns dissídios de categorias estabelecem que a jornada diária poderá ser prorrogada até o limite de 12 horas em
casos de necessidade, ou para terminar serviços inadiáveis,
estipulando um acréscimo de 50% nas duas (2) primeiras
horas extras do dia e de 100% nas horas excedentes a essas.

3.3.1. Fórmulas de cálculos

Valor de adicional de hora extra =
Salário-hora normal R$ 2,22 + 50% = R$ 1,11

Valor do adicional de hora extra em domingo trabalhado =
R$ 2,22 + 100% = R$ 2,22

Valor de adicional de hora extra no mês =
R$ 2,22 x 40 horas extras trabalhadas/mês =
R$ 88,80 + 50% = R$ 44,40

Cálculos Trabalhistas

3.4. Composição do valor de hora extra

Obtém-se o valor de hora extra somando-se o valor da hora normal ao adicional sobre a hora suplementar trabalhada, de forma que, multiplicando-se o número de horas extras trabalhadas no período pelo valor da hora + o adicional estabelecido, resulte no montante do valor de horas extras no período. A hora extra é composta do salário-base ou contratual, acrescido de todas as parcelas salariais e adicionais previstos em lei, acordos, convenções ou outros instrumentos normativos.

3.4.1. Formas de cálculos

Valor da hora extra:
Salário-hora + Adicional de 50%
Salário-hora (R$ 10,00) x 1,50 = R$ 15,00

Valor da hora extra em domingo:
Salário-hora (R$ 10,00) + Adicional de 100% = R$ 20,00

Valor horas extras-dia:
Salário Mensal + 50% ÷ 220 horas x horas extras ao dia

Valor horas extras-mês:
Nº horas extras no mês x valor-hora normal + 50%
Salário Mensal x 1,5 ÷ 220h x número de horas extras trabalhada

3.5. Adicional de horas extras no salário comissionado

Em relação às horas extras devidas, os comissionados terão direito apenas ao valor dos respectivos adicionais, porque as horas trabalhadas, mesmo que excedentes à jornada normal, são consideradas remuneradas pelas comissões (Súmula 340 do TST).

Exemplo de cálculo para adicional de horas extras no salário dos comissionados cuja jornada normal seja 220 horas.

- Total de horas trabalhadas: 260h (divisor)
- Horas extras: 40h
- Valor das comissões: R$ 1.200,00

  Valor da hora . . . . (R$ 1.200,00 ÷ 260h) = R$ 4,62

  Adicional de hora extra . . . . (R$ 4,62 x 50%)   = R$ 2,31

  Adicional de horas extras . . (R$ 2,31 x 40 h.e.) = R$ 92,40

3.6. Reflexos de horas extras

Os valores devidos pelas horas de serviço suplementar integrarão os cálculos de FGTS, férias, 13º salário, RSR, aviso-prévio, gratificações semestrais e indenização por antiguidade.

A incidência sobre o FGTS é assegurada pelo art. 15 da Lei 8.036/90, Decreto 99.684/90 e pela Instrução Normativa nº 5, de 26.06.96, DOU 26.06.96.

3.6.1. Sobre as férias

O art. 142 da CLT, *caput* e § 5º, reconhece o reflexo das horas extras no pagamento de férias com a incidência de 1/3 constitucional. Para efeito do valor, apura-se a média mensal das horas extras dos 12 meses do período aquisitivo, ou dos meses trabalhados se não completou um ano, multiplicando-a pelo valor da hora extra da época da concessão de férias ou rescisão de contrato.

3.6.2. Sobre o 13º salário

Segundo a Súmula 45 do TST, a remuneração do serviço suplementar habitualmente prestado integra o cálculo da gratificação natalina prevista na Lei 4.090/62. Como a lei não define a habitualidade, há entendimentos no sentido de que esta deva ser caracterizada pelo trabalho de, pelo menos, 6 meses, considerando o período de um ano, ou de 50% do período trabalhado, se for inferior a um ano. Para efeito de valor, apura-se a média de horas extras trabalhadas considerando o período do ano civil, multiplicando-a pelo valor da hora de dezembro ou do mês da rescisão, acrescentando o percentual correspondente.

3.6.3. Sobre o aviso-prévio

Deve ser encontrada a média de horas extras dos últimos 12 meses trabalhados, ou dos meses trabalhados no caso de o empregado não ter ainda completado um ano de serviço, multiplicando-a pelo valor da hora extra no mês da rescisão.

3.6.4. Sobre o repouso semanal remunerado

No cálculo do repouso remunerado, são computadas as horas extras habitualmente prestadas (Súmula 172 do TST). O reflexo das horas extras sobre o repouso corresponderá ao número de domingos e feriados existentes no mês, multiplicados pela jornada extraordinária diária; para que as horas de reflexo sobre o RSR fiquem inseridas na totalidade de horas extras mensais, as horas extras diárias devem ser multiplicadas por 30. Se o número de horas extras for variável, é necessário obter a média diária, para possibilitar estes cálculos.

3.6.4.1. Fórmula prática para encontrar o reflexo sobre o RSR

Considerando que o mês teve 25 dias úteis e 5 dias entre domingos e feriados e que um trabalhador laborou 2 horas extras por dia, os cálculos são os seguintes:

2 horas extras diárias x 5 domingos = 10h RSR
Total de horas extras efetivamente trabalhadas no mês = 50h ÷ 25 dias úteis x 5 dias domingos e feriados = 10 horas (reflexo sobre RSR)
50 x 5 ÷ 25 = 10 horas s/RSR

Para obter o valor:
Valor da hora extra x 10h de reflexo RSR
Valor das horas extras trabalhadas no mês ÷ 25 dias úteis x 5 domingos e feriados

4. Repouso Semanal Remunerado - RSR

É um direito constitucional, previsto no art. 67 da CLT, que assegura a todo empregado um repouso semanal remunerado de 24 horas, preferencialmente aos domingos, embora abranja também os dias feriados, civis e religiosos, conforme o art. 70 da CLT.

O valor do RSR corresponde a uma diária da remuneração, incluídas as horas extras, gratificações, gorjetas e adicionais. Via de regra, na remuneração de quem recebe por mês, quinzena ou semana, já está incluído o pagamento dos RSR.

Nas atividades em que não for possível, em virtude das exigências técnicas das empresas, a suspensão do trabalho, nos dias feriados civis e religiosos e quando o empregado não tiver, ao menos, um dia de descanso na semana, fará jus ao recebimento do RSR de forma dobrada: um pagamento porque a ele faz jus sem trabalhar (geralmente incluído na remuneração mensal); outro, porque trabalhou. Essa vantagem, porém, não tem sido concedida pela jurisprudência, se o empregado teve seu descanso em outro dia da semana, porque a CF/88 prevê o descanso semanal remunerado preferencialmente aos domingos, mas não obrigatoriamente.

O pagamento do trabalho aos domingos e feriados é remunerado com acréscimo de 100%, ou seja, o valor do RSR acaba sendo triplo, porque os dias de repouso já estão incluídos na remuneração mensal. Existe jurisprudência sobre o assunto (Súmula 146 do TST).

Na forma do art. 6º da Lei 605/49, regulamentado pelo art. 11 do Decreto 27.048/49, só será devido o repouso quando o empregado cumprir toda a jornada correspondente; se houver falta injustificada durante a semana, não será devido o pagamento do RSR. Há controvérsias quanto a esse entendimento, mas decisões têm sido favoráveis ao desconto, no sentido de que não há perda do direito ao dia de folga, mas da remuneração a ele correspondente.

De acordo com a Súmula 172 do TST, no cálculo do RSR são computadas as horas extras habitualmente prestadas (ver item – Reflexos de Horas Extras).

4.1. Formas e fórmulas de cálculos para o RSR

Empregado que recebe por mês quando o valor relativo aos RSR não foi incluído na remuneração: divide-se o valor do salário mensal pelo número de dias úteis do mês e multiplica-se pelo número de dias de repousos existentes no respectivo mês, da seguinte maneira:

30 dias – 6 dias (domingos e feriados) = 24 dias úteis
RSR = Salário R$ 2.400,00 ÷ 24 = R$ 100,00
RSR Mensal = R$ 100,00 x 6 = R$ 600,00

Esse valor também pode ser obtido por meio de um percentual, utilizando a seguinte fórmula:

RSR = 30 dias – 6 dias (domingos e feriados) = 24 dias (24%)
6 dias repouso ÷ 24% = 25 (25%)
RSR Mensal = Salário R$ 2.400,00 x 25% = R$ 600,00

Empregado que recebe por hora: obtém-se o valor do RSR multiplicando o valor da hora pelo número de horas trabalhadas na jornada normal diária, ou pela média de horas trabalhadas na semana.

RSR = Salário hora x 7,33 horas

Empregado que recebe por semana: o valor do RSR é o resultado do valor da semana dividido por 6.

RSR = Salário Semanal ÷ 6 dias úteis

Empregado que ganha por comissões, tarefas ou produção: se ele recebe por semana, divide-se o produto da semana por seis e ter-se-á o valor do RSR; se recebe por quinzena ou mês, divide-se o produto por 15 ou 30 dias, respectivamente.

RSR do comissionista =
Valor das comissões no mês ÷ dias úteis do mês

RSR do empregado por produção ou tarefa =
Produção no mês ÷ dias úteis do mês

RSR do Professor que recebe por hora-aula: um caso particular de remuneração do repouso é o do professor que recebe por hora-aula. Segundo a Súmula 351 do TST e o art. 320 da CLT, o professor que recebe o salário mensal com base em horas-aula tem direito ao acréscimo de 1/6 a título de RSR, considerando-se, para esse fim, o mês com 4 semanas e meia. Os dias feriados não são considerados neste cálculo.

Valor da hora-aula = R$ 15,00
Carga horária = 28 horas semanais x 4,5 semanas = 126 horas
Valor horas-aulas/mês = 126 x 15,00 = R$ 1.890,00
Valor Mensal do RSR = (1.890,00 ÷ 6) R$ 315,00

A maioria das fórmulas de cálculos supracitadas refere-se ao valor correspondente a um dia de repouso (RSR). Para saber o valor mensal, deve-se multiplicar o valor do RSR pelo número de domingos e feriados existentes no mês.

5. Hora Noturna

A Constituição Federal, art. 7º, IX, garante a remuneração do trabalho noturno superior à do diurno: "É direito dos trabalhadores urbanos e rurais, além de outros que visem à melhoria de sua condição social, remuneração do trabalho noturno superior à do diurno". Para o trabalho urbano, o artigo 73 da CLT considera noturno o trabalho executado das 22 horas de um dia às 5 horas do dia seguinte.

A duração legal da hora noturna, de 52 minutos e 30 segundos, é uma ficção jurídica que deve ser levada em consideração no cálculo, constituindo vantagem suplementar para compensar o desgaste do trabalhador, sem dispensar o adicional de 20% ou outro percentual estabelecido.

Ainda de acordo com o artigo acima referido, para os horários mistos, assim chamados os que compreendem horários diurnos e noturnos, aplicam-se às horas de trabalho noturno as disposições suprarreferidas.

5.1. Horas noturnas do trabalhador rural

A hora noturna do setor rural difere da do urbano no tocante a duração, adicional e horário. A Lei 5.889/73, art. 7º, que regulamenta o trabalho do rurícola, considera trabalho noturno o executado das 21 horas de um dia às 5 horas do dia seguinte, para a lavoura, e das 20 horas às 4 horas do dia seguinte, para a pecuária. A Lei garante, ainda, o adicional noturno de 25% sobre a remuneração da hora diurna.

A lei supracitada e o Decreto 73.626/74 são omissos quanto à redução do horário noturno ao trabalhador rural; portanto, o horário reduzido não é aplicável na atividade rural.

5.2. Horário reduzido

A hora normal é de 60 minutos, e a hora noturna, de 52 minutos e 30 segundos. Portanto, 1 hora noturna equivale a 1,1428 horas. Dessa forma, o trabalhador urbano, beneficiado pelo horário reduzido, que laborar no período entre 22 horas e 5 horas, terá cumprido 7 horas, o que equivale a uma jornada de 8 horas noturnas, ganhando 1 hora em cada período noturno trabalhado.

Pode-se achar a equivalência entre hora reduzida e hora normal através do percentual correspondente a esta, acrescido à hora reduzida:

60 min ÷ 52,50 (52h30min) = 1,142857
Logo:
7 horas noturnas x 1,142857 = 8 horas

Fazendo um comparativo, em minutos, entre a jornada diurna e a noturna, é possível demonstrar a vantagem que o trabalhador obtém com a hora reduzida:

A hora normal tem 3.600 segundos (60' x 60")
A hora noturna tem 3.150" (52' x 60" + 30")
Diferença = 450" ÷ 60' = 7min30s, ou 7,5
7 minutos e 30 segundos correspondem a 7,5 nos cálculos, em função do sistema numérico decimal.
Logo:
horário normal = 60:00 minutos ... 22:00h às 5:00h = 7:00 horas
horário noturno = 52:30 minutos ... 22:00h às 5:00h = 8:00 horas

Para saber qual o número de horas noturnas de um empregado que trabalhe das 22 às 2 horas da manhã, pode-se fazer a proporcionalidade, aplicando a seguinte regra de três:

Em 7 horas trabalhadas — ele ganha 1 hora (60min)
Em 4 horas trabalhadas — ele ganha "X"
Logo:
4 x 60min ÷ 7 = 34,29 (minutos a que o trabalhador tem direito pelo benefício da hora noturna reduzida)

Esse resultado, em minutos, deverá ser somado às horas noturnas inteiras trabalhadas; no exemplo acima, o trabalhador faz jus a 4h e 35min, arredondados.

Também pode-se dividir o número de horas-relógio trabalhadas por 52,50 e multiplicar por 60':

3h ÷ 52,5 x 60 = 3,43 (o resultado será sempre no sistema decimal)

Para fazer a conversão dos centavos para horas-relógio, já que o número inteiro da hora permanece inalterado, vide capítulo 30.

5.3. Adicional noturno e valor da hora noturna

Adicional noturno é o acréscimo sobre as horas noturnas trabalhadas. O valor do adicional é encontrado mediante a multiplicação do percentual sobre o salário-hora normal. O adicional devido ao trabalhador urbano é de 20%, podendo seguir outra percentagem estipulada em normas coletivas de algumas categorias profissionais.

O valor da hora noturna é a soma do adicional mais o valor da hora normal.

5.3.1. Formas e fórmulas de cálculos

a) Equivalência das horas reduzidas noturnas para hora normal:

horas trabalhadas ÷ 52,30minutos x 60
ou
horas noturnas trabalhadas + 14,2857% = quantidade de horas normais

b) Cálculo do valor da hora noturna:

Valor da Hora Normal + 20% = valor hora noturna
(valor da hora noturna) x (quantidade de horas trabalhadas)

c) Cálculo do *valor da hora noturna* x *quantidade de horas trabalhadas*

Quando a hora noturna extrapolar a jornada normal, será acrescentado ao valor da hora noturna o percentual correspondente ao adicional de hora extra.

(horas trabalhadas + 14,2857%) x (valor hora + 20%)
Valor hora noturna x adicional de hora extra

Uma forma prática de traduzir a hora noturna para a normal e, ao mesmo tempo, encontrar o valor da hora noturna já com o adicional é aplicar o percentual 37,1428% sobre o produto do número de horas noturnas pelo valor-hora normal. Esse percentual engloba o adicional noturno e o acréscimo sobre a hora reduzida.

Hora noturna + 14,2857% = Hora normal
Valor hora normal + 20% = Hora noturna
Logo:
1,142857 x 1,20 = 1,371428 ou 37,1428%

No caso de hora extra noturna, a OJ-SDI-97 enseja interpretações diversas no que diz respeito à forma de cálculo que a contemple.

OJ-SDI-97 do TST – O adicional noturno integra a base de cálculo das horas extras prestadas no período noturno.

Segundo a legislação vigente no que tange ao assunto, o adicional noturno deve integrar a base de cálculo da hora extra noturna.

A dúvida existente consiste em definir se o percentual correspondente a hora extra é aplicado, diretamente, sobre o valor da hora noturna, ou se o adicional de hora extra é calculado sobre o valor da hora noturna e este resultado é acrescido ao valor da hora normal. Como as duas formas contemplam a jurisprudência, fica a critério de consideração.

Valor da hora normal:
R$ 10,00 + 20% adicional noturno = R$ 12,00
Adicional hora extra noturna:
R$ 12,00 x 50% adicional hora extra = R$ 6,00

Exemplo n° 1:
Valor hora extra noturna = R$ 18,00 (R$ 12,00 + R$ 6,00)

Exemplo n° 2:
Valor hora extra noturna = R$ 16,00 (R$ 10,00 + R$ 6,00)

6. Adicional de Insalubridade

O adicional de insalubridade previsto no art. 189 da CLT e constante no art. 7º, inc. XXIII, da CF/88, está relacionado com o tipo de serviço que pode causar prejuízo à saúde do trabalhador e com o ambiente onde labora.

É considerada insalubre a atividade exercida que, por sua natureza, condição, método e local de trabalho, exponha o trabalhador a agentes nocivos a sua saúde, acima dos limites de tolerância fixados, em razão da natureza, da intensidade e do tempo de exposição aos seus efeitos. O trabalho insalubre está classificado de acordo com as normas previstas na Portaria n° 3.214/78 do Ministério do Trabalho, quando o adicional de insalubridade for requerido através de processo judicial, far-se-á necessária perícia técnica por profissional competente e devidamente registrado no Ministério do Trabalho e Emprego.

Os empregados que trabalham em condições insalubres têm assegurada a percepção de adicional, não importando o salário que recebem (art. 192 da CLT).

Há três graus de insalubridade: máximo, médio e mínimo, correspondendo ao valor adicional de 40%, 20% e 10%, respectivamente.

A jurisprudência consolidada do Tribunal Superior do Trabalho estabelecia o salário mínimo como base de cálculo do adicional de insalubridade, nos casos em que não houvesse previsão de salário profissional para a categoria do empregado, conforme a Súmula nº 17 do TST e ainda a antiga redação da Súmula nº 228 que estipulava: "O percentual do adicional de insalubridade incide sobre o salário mínimo de que cogita o art. 76 da CLT, salvo as hipóteses previstas na Súmula nº 17".

Em 9 de maio de 2008, o Supremo Tribunal Federal editou a Súmula Vinculante nº 04 com o seguinte teor: "Salvo nos casos previstos na Constituição, o salário mínimo não pode ser usado como indexador de base de cálculo da vantagem de servidor público ou de empregado, nem ser substituído por decisão judicial".

Para adequar a jurisprudência trabalhista ao decidido pelo STF, o TST cancelou a Súmula nº 17 e reformulou a Súmula nº 228, cuja redação passou a ser: "A partir de 9 de maio de 2008, data da publicação da Súmula Vinculante nº 4 do Supremo Tribunal Federal, o adicional de insalubridade será calculado sobre o salário básico, salvo critério mais vantajoso fixado em instrumento coletivo".

A partir de então, surgiram divergências a respeito da nova redação dada à Súmula 228 do TST, exceto nos casos de categorias que possuem salário profissional previsto em lei (médicos, dentistas, engenheiros, advogados, etc.), sobre o qual o adicional é calculado, e de algumas categorias profissionais que possuem instrumento normativo fixando piso salarial para base de cálculo de insalubridade.

Diante da insegurança jurídica pela indefinição da base de cálculo para o adicional de insalubridade, o Tribunal Superior do Trabalho tem se manifestado em vários acórdãos, pela continuidade do Salário Mínimo como indexador, enquanto não for superada a inconstitucionalidade por meio de legislação.

De forma que, nos casos em que não existe salário profissional, a base adotada continua sendo o Salário Mínimo, porém, deve-se atentar para o fato de que, a qualquer momento, poderão surgir novas diretrizes a respeito dos critérios para este cálculo, portanto, é prudente sempre consultar a jurisprudência no *site:* <www.tst.jus.br>.

O adicional de insalubridade integra a remuneração do empregado para o cálculo dos direitos trabalhistas.

Se um empregado trabalhar em serviço insalubre e perigoso, deverá optar ou pelo adicional de insalubridade, ou pelo de periculosidade, conforme lhe convier, pois estes não podem ser acumulados.

6.1. Formas e fórmulas de cálculos

Adicional de Insalubridade
Grau máximo = Base de cálculo x 40%
Grau Médio   = Base de cálculo x 20%
Grau mínimo = Base de cálculo x 10%

7. Adicional de Periculosidade

O adicional de periculosidade é pago ao empregado que trabalha em serviços que oferecem perigo à vida. São consideradas atividades ou operações perigosas, na forma da regulamentação aprovada pelo Ministério do Trabalho, aquelas que, por sua natureza ou métodos de trabalho, impliquem contato permanente com inflamáveis ou explosivos, em condições de risco acentuado.

A caracterização e a classificação de insalubridade ou periculosidade, segundo normas do Ministério do Trabalho, serão feitas por meio de perícia a cargo de Médico do Trabalho ou Engenheiro do Trabalho, registrados no Ministério do Trabalho.

O empregado que trabalha em condições de periculosidade recebe um adicional de 30% sobre o salário contratual, não incidindo esse percentual sobre outros adicionais, ou sobre gratificações, prêmios e participação nos lucros da empresa.

É importante salientar que o adicional de periculosidade é de 30% sobre o salário-base.

Em relação aos eletricitários, o cálculo do adicional de periculosidade deverá ser efetuado sobre a totalidade das parcelas de natureza salarial.(Enunciado 191 do TST).

7.1. Formas e fórmulas de cálculos

Adicional de Periculosidade = Salário Base x 30%
Cálculo de Salário Mensal com Periculosidade
Salário Base = R$ 600,00 + 30% = R$ 780,00

8. Décimo Terceiro Salário ou Gratificação Natalina

O art. 7º, inciso VIII, da Constituição Federal, estabeleceu a expressão "décimo terceiro salário" para a gratificação natalina. Foi instituído pela Lei 4.090/62 e complementado pela Lei 4.749/65. Abrange, inclusive, o trabalhador avulso, o doméstico e os aposentados, tendo como base a remuneração ou o valor da aposentadoria.

Para efeito desse cálculo, leva-se em conta o ano civil (janeiro a dezembro). O 13º salário corresponde à gratificação de 1/12 da remuneração devida em dezembro, por mês de serviço, do ano correspondente. A fração igual ou superior a 15 dias de trabalho será equivalente ao mês integral.

No cálculo do 13º salário, sempre será integrado o tempo de aviso-prévio indenizado ou trabalhado.

Integram o décimo terceiro salário, além do salário contratual, as horas extras habitualmente prestadas, os adicionais, as gratificações, enfim, todas as parcelas de natureza salarial pelo seu duodécimo.

Poderá ser requerido pelo empregado adiantamento da primeira parcela do décimo terceiro, por concessão das férias, desde que solicitado por escrito no mês de janeiro.

8.1. Décimo terceiro salário integral

O empregado que trabalha o ano todo, de janeiro a dezembro, faz jus ao décimo terceiro salário integral: 12/12 (doze, doze avos), ou seja, uma remuneração integral do ano, devida conforme o valor do mês de dezembro.

13º integral = remuneração mensal

8.2. Décimo terceiro salário proporcional

O empregado que não trabalhou o ano todo, ou porque foi admitido no correr do ano, ou porque teve rescisão de contrato sem justa causa, ou ainda porque houve meses em que faltou mais de 15 dias injustificadamente, terá direito ao décimo terceiro salário proporcional aos meses trabalhados no ano. Como exemplo, um empregado que foi admitido em 1º de outubro, em dezembro fará jus a 3/12 de décimo terceiro; o que foi admitido em 5 de janeiro, tendo rescindido o contrato em 18 de abril (computado o aviso-prévio), perceberá 4/12 a título de décimo salário, e o empregado que teve seu contrato vigorando de janeiro a dezembro, mas em maio faltou injustificadamente por 18 dias, fará jus a 11/12 de décimo salário.

13º proporcional = remuneração mensal ÷ 12 meses x nº de meses trabalhados

8.3. Primeira parcela

A primeira parcela deve ser paga até 30 de novembro do ano em curso, salvo se paga por ocasião das férias. Essa parcela não sofrerá descontos previdenciários e fiscais.

O valor será a metade da remuneração do mês anterior ao pagamento, de forma que, se for receber em abril por ocasião das férias, o valor corresponderá a 50% do salário de março. A base é sempre o mês anterior ou o último salário. Quando o empregado recebe remuneração variável, paga-se, em novembro, a metade da média mensal dos valores recebidos até o mês de outubro.

8.3.1. Formas e fórmulas de cálculos da primeira parcela

Empregado Mensalista admitido em 27/06/2008
(5 meses até novembro)
  Salário Mensal R$ 600,00 ÷ 12 meses = R$ 50,00 (1/12)
  13° salário = 50,00 x 5 meses = R$ 250,00
  1ª Parcela = 250,00 ÷ 2 = R$ 125,00

Salário Variável do empregado admitido em 12/08/2008
(3 meses até outubro)
  Agosto . . . . R$ 360,00
  Setembro . . . . . R$ 500,00
  Outubro . . . . . . R$ 440,00
  Total . . . . R$ 1.300,00

Média Mensal = 1.300,00 ÷ 3 meses = R$ 433,33
1/12 da Média mensal = 433,33 ÷ 12 = R$ 36,11
13° salário = 36,11 x 3 meses = R$ 108,33
1ª parcela = 108,33 ÷ 2 = R$ 54,17

8.4. Segunda parcela

A segunda parcela deve ser paga até 20 de dezembro do ano em curso, e seu valor corresponde a 50% do salário do mês de dezembro, se o empregado trabalhou de janeiro a dezembro. Nessa parcela serão descontadas as contribuições fiscais e previdenciárias que incidem sobre o valor do décimo terceiro salário integral, ou seja, da primeira e da segunda parcelas.

Se o empregado recebe remuneração variável, deverá ser feita a média do salário mensal de janeiro a novembro, obtendo-se 1/11, ou do mês em que foi admitido até novembro, e o pagamento de 50% deste valor deverá ser efetuado até 20 de dezembro. Até o dia 10 de janeiro do ano seguinte, o empregador deverá acertar a diferença correspondente a 1/12 da segunda parcela, pagando ou compensando o respectivo valor.

Existem salários compostos de parte variável e parte fixa; nesses casos, utilizam-se os dois critérios: para a parte variável, procura-se a média dos meses trabalhados, divide-se por 12 e multiplica-se pelo número de meses trabalhados, dividindo-se o resultado por 2; para a parte fixa, encontra-se 1/12 do salário de dezembro, multiplica-se pelo número de meses trabalhados, dividindo-se por 2, ou simplesmente, 50% do salário de dezembro quando o empregado trabalhou desde janeiro.

8.4.1. Formas e fórmulas de cálculos da segunda parcela

Empregado Mensalista que trabalhou o ano todo:

2ª parcela do 13º Salário = Salário de Dezembro ÷ 2

Empregado mensalista que não trabalhou o ano todo:

Salário Dezembro - 1º parcela paga em novembro

Empregado com salário variável, cujo total dos salários de janeiro a novembro foi R$ 4.400,00.

Média mensal = R$ 4.400,00 ÷ 11 = R$ 400,00 (1/11)
A 2ª Parcela somada à 1ª Parcela deverá totalizar R$ 400,00.
Em dezembro, a comissão desse empregado foi de R$ 688,00.
Total recebido no ano = R$ 4.400,00 + R$ 688,00 = R$ 5.088,00
Média Mensal do ano = R$ 5.088,00 ÷ 12 meses = R$ 424,00
Valor do 13º pago em 20 de dezembro = R$ 400,00
Diferença a receber até 10 de janeiro = R$ 424,00 − R$ 400,00 = R$ 24,00.

9. Férias

A cada 12 meses de vigência do contrato de trabalho (período aquisitivo), o empregado tem direito a um período de férias com, pelo menos, um terço (1/3) a mais da remuneração, dentro do período concessivo (12 meses após o período aquisitivo). O período de gozo de férias é de 30 dias, sem prejuízo da remuneração, na seguinte proporção:

- 30 (trinta) dias corridos, quando não houver faltado ao serviço mais de 5 (cinco) dias;
- 24 (vinte e quatro) dias corridos, quando houver tido de 6 (seis) a 11(onze) faltas;
- 18 (dezoito) dias corridos, quando houver tido de 15 (quinze) a 23 (vinte e três) faltas;
- 12 (doze) dias corridos, quando houver tido de 24 (vinte e quatro) a 32 (trinta e duas) faltas (art. 130, incisos l a lV, da CLT).

Observa-se que as faltas a serem consideradas são apenas as injustificadas, pois não acarretam a redução das férias as ausências consideradas legais. Não são considerados também, para esse efeito, os atrasos e as faltas de meio expediente, tampouco aquelas ausências que, embora injustificadas, tenham sido abonadas pela empresa.

É vedado descontar, do período de férias, as faltas do empregado ao serviço.

Perderá o direito a férias o empregado que, durante o ano (período aquisitivo):

- Permanecer em licença remunerada por mais de 30 dias;
- Deixar de trabalhar por mais de 30 dias, com percepção de salários, em decorrência de paralisação parcial ou total dos serviços da empresa;
- Pedir demissão e não for readmitido dentro de sessenta dias subsequentes a sua saída;
- Tiver recebido da Previdência Social por acidente de trabalho ou auxílio-doença por mais de 180 dias.

Nos casos de regimes de trabalho a tempo parcial, o empregado terá direito a férias após cada período de doze meses de vigência do contrato de trabalho, na seguinte proporção:

I – dezoito dias, para a duração do trabalho semanal superior a vinte e duas horas, até vinte e cinco horas;
II – dezesseis dias, para a duração do trabalho semanal superior a vinte horas, até vinte e duas horas;
III – quatorze dias, para a duração do trabalho semanal superior a quinze horas, até vinte horas;
IV – doze dias, para a duração do trabalho semanal superior a dez horas, até quinze horas;
V – dez dias, para a duração do trabalho semanal superior a cinco horas, até dez horas;
VI – oito dias, para a duração do trabalho semanal igual ou inferior a cinco horas.

Na modalidade de jornada a tempo parcial, quando houver mais de sete faltas injustificadas durante o período aquisitivo, o período de férias será reduzido pela metade (art. 130-A da CLT).

O período de férias será computado, para todos os efeitos, como tempo de serviço.

A lei faculta ao empregador o direito de marcar a época das férias aos empregados, desde que esse período concessivo não ultrapasse o limite de doze meses subsequentes à data da aquisição. Após esse prazo, o pagamento das férias deverá ser pago em dobro.

Em determinados casos, as férias poderão ser concedidas em dois períodos, nenhum dos quais poderá ter menos de 10 dias corridos.

9.1. Férias proporcionais

O empregado terá direito a perceber o valor das férias proporcionais em todas as modalidades de rescisão do contrato de trabalho, salvo, na despedida por justa causa.

As férias proporcionais são calculadas na base de 1/12 por mês de serviço ou fração superior a 14 dias (computa-se como mês integral), de acordo com a proporcionalidade estabelecida no art. 130 da CLT.

O período de aviso-prévio integra o tempo de serviço para efeito das férias, seja trabalhado ou indenizado.

9.2. Férias indenizadas na rescisão do contrato de trabalho

O empregado que for despedido por justa causa não terá direito a férias proporcionais. Terão direito ao seu recebimento apenas aqueles que forem despedidos sem justa causa, ou aqueles cujo contrato a termo se extinguir.

Em relação às férias não gozadas, o empregado deverá receber indenização em qualquer tipo de rescisão de contrato, sejam elas simples, quando dentro do período aquisitivo, ou em dobro, no caso de já ter ultrapassado o período aquisitivo, ou seja, mais de 12 meses após o período aquisitivo.

9.3. Remuneração das férias

O pagamento das férias deve ser acrescido de um terço (1/3) sobre a remuneração normal, conforme disposto no inciso XVII do art. 7º da CF/88. Todas as verbas constantes do salário integram o cálculo para o pagamento das férias.

O cálculo do valor das férias é facilitado, já que o art. 142 da CLT diz que a remuneração será a da data da concessão, e a Súmula 7 do TST dispõe que a indenização pelo não deferimento das férias no tempo oportuno será calculada com base na remuneração devida ao empregado à época da reclamação ou, se for o caso, à da extinção do contrato. Assim, não é necessário calcular o valor sobre a remuneração da época e atualizá-lo.

Se o empregador demorar dois anos para conceder as férias ao empregado, ele pagará com o salário da época da concessão. Em caso de rescisão, o salário utilizado para o cálculo será o da rescisão.

Quando o salário for variável ou por tarefa, será feita a média do período aquisitivo; quando o salário for por percentagem ou comissão, será apurada a média percebida pelo empregado no período de aquisição do período de férias.

Para obter o valor das férias integrais, acrescenta-se um terço (1/3) ao salário da época da concessão ou da indenização.

Para obter o valor das férias proporcionais, toma-se a remuneração mensal da época do pagamento (geralmente rescisão), divide-se por doze e multiplica-se pelo número de meses trabalhados inteiros, ou em fração igual ou superior a 15 dias, e acrescenta-se um terço (1/3).

9.4. Um terço (1/3) constitucional

Assegura a Constituição Federal (art. 7º, XVII) o pagamento de um terço a mais do que o salário normal, por ocasião das férias, sejam elas integrais, proporcionais ou em dobro, gozadas ou indenizadas.

9.5. Abono pecuniário de férias

É facultado ao empregado converter um terço do seu período de férias em abono pecuniário, no valor correspondente à remuneração das férias já acrescidas de 1/3, conforme previsto no art. 143 da CLT.

Por exemplo: um empregado com direito a férias de 30 dias poderá optar entre descansar todo o período ou, no caso de requerer o abono pecuniário, descansar durante apenas 20 dias, devendo trabalhar os outros 10 dias, pelos quais receberá o valor correspondente ao salário dos 10 dias, mais o adicional de 1/3, o chamado Abono Pecuniário de Férias.

O abono deverá ser requerido pelo empregado, por escrito, até 15 dias antes do término do período aquisitivo. O pagamento do abono em questão deverá ser discriminado no recibo de férias e pago na mesma ocasião. Já o saldo dos dias trabalhados deverá ser pago junto com a folha de pagamento do mês competente.

9.6. Fórmulas de cálculos

Férias Integrais = Remuneração Mensal + 1/3

Férias Proporcionais = Remuneração $\div$ 12 x (nº meses trabalhados) + 1/3

Proporcionalidade das faltas não justificadas sobre as férias: Período do contrato de trabalho de 15.02.2008 a 19.10.2008 (8 meses), tendo 7 faltas não justificadas no período, resultando em 24 dias de férias (art. 130 CLT)

Salário R$ 480,00
Valor das férias proporcionais correspondentes a 8/12 =
R$ 480,00 $\div$ 30 dias = R$ 16,00 p/dia
16,00 x 24 dias = R$ 384,00 $\div$ 12 meses = R$ 32,00 (1/12)
R$ 32,00 x 8 meses = R$ 256,00 + 1/3

Abono Pecuniário de Férias:
Salário mensal = R$ 900,00 (R$ 30,00 dia)

Valor dos 20 dias de férias gozadas:
R$ 30,00 x 20 dias + 1/3 = R$ 800,00

Valor do abono pecuniário:
R$ 30,00 x 10 + 1/3 = R$ 400,00
Fórmula: Valor do salário mensal $\div$ 3 x 4 $\div$ 3

O saldo dos 10 dias será pago via folha de pagamento.

10. Adicional por Tempo de Serviço

Está previsto nas normas coletivas de determinadas categorias que a cada ano o trabalhador tem direito a 1% de acréscimo sobre o salário-base, dependendo das disposições normativas. Esse adicional também se denomina anuênio, decênio, triênio, quinquênio, conforme o caso. Integra o salário para todos os efeitos legais.

11. Prêmios, Abonos e Gratificações

Os prêmios são vinculados a comportamentos e resultados de ordem pessoal do empregado. É um suplemento salarial conferido pela liberalidade do empregador, mas também podem estar deliberados nas normas da categoria.

O abono consiste num adiantamento em dinheiro, numa antecipação salarial ou num valor extra concedido ao empregado. De acordo com o art. 457, § 1º, da CLT, integra o salário, porém, se não houver habitualidade no pagamento, fica margem para interpretações contrárias.

As gratificações, geralmente, estão vinculadas aos resultados positivos da empresa, e não ao desempenho do empregado. Podem ser: ou ajustadas contratualmente, ou decorrentes da liberalidade do empregador, ou constam das normas coletivas da categoria. Seu pagamento pode ser esporádico ou habitual, em quantia fixa ou variável, a todos ou a determinados empregados.

Quanto à natureza salarial dos abonos, prêmios e gratificações, se estas forem contratuais e houver habitualidade, não existe dúvida de que integram o salário; quando, porém, o pagamento for eventual, motivado por liberalidade e sem ajuste anterior, a doutrina entende que não existe natureza salarial, porque esta pressupõe periodicidade, uniformidade e habitualidade no pagamento.

12. Participação nos Lucros

É um valor distribuído aos empregados, referente a um percentual dos resultados positivos obtidos na empresa; não é verba salarial e só ocorre quando há lucro.

13. Auxílio-alimentação

O auxílio-alimentação fornecido de acordo com as determinações da Lei nº 6.321/76, que instituiu o Programa de Alimentação do Trabalhador (PAT), mesmo não sendo gratuito, não é considerado salário-utilidade, tampouco incorpora a remuneração do empregado. Há entendimentos jurisprudenciais que consideram este um pagamento de natureza indenizatória, e não salarial.

Sempre que não observada a Lei nº 6.321/76, aplica-se o disposto no Enunciado nº 241 do TST: "Salário-utilidade – Alimentação: O valor para refeição, fornecido por força do contrato de trabalho, tem caráter salarial, integrando a remuneração do empregado, para todos os efeitos legais". O auxílio-alimentação concedido espontaneamente pelo empregador integra o salário do empregado. Mesmo que haja acordo coletivo ou adesão ao PAT, o caráter salarial não muda para os empregados que recebiam o benefício antes das novas regras, pois já havia sido incorporado ao salário. O pagamento em espécie, cobrado (descontado) do trabalhador, é considerado salário-utilidade, integrando a base salarial.

14. Vale-transporte

Foi instituído pela Lei 7.418/85 e regulamentado pelo Decreto 95.247/87. Trata-se de um benefício fornecido pelo empregador, antecipadamente, para que o trabalhador possa se deslocar da residência para o trabalho e vice-versa.

O vale-transporte é utilizável nos meios de transportes coletivos públicos: urbanos, intermunicipais ou interestaduais com características de urbano.

O vale-transporte, concedido na forma da lei, não se constitui em salário, não sendo, portanto, tributável sob qualquer aspecto.

O valor do vale-transporte será rateado da seguinte forma:

Trabalhador = desconta até 6% do seu salário-base

Empregador = o que exceder aos 6% do salário-base do empregado.

Por haver um entendimento de que ele deveria ser calculado sobre o salário proporcional aos dias úteis trabalhados, surgiram divergências quanto à base de cálculo para esse benefício. Mas, no Parecer MTb nº 15/92 da Secretaria de Fiscalização do Trabalho, prevalece a orientação de que a base de cálculo é o salário básico mensal, independentemente dos dias trabalhados, salvo disposição diferente em sentenças ou normas coletivas.

15. Salário-família

É um benefício da Previdência Social devido ao empregado urbano e rural em atividade (exceto ao doméstico), ou avulso, que receba até um teto limitado pelo governo. Deve ser pago na proporção de uma quota de valor fixo em relação a cada filho menor de 14 anos, ou inválido, mensalmente, sem limite de número de filhos. Também têm direito a ele, nas mesmas condições, o enteado e o menor sem recursos, quando o segurado for tutor. Esse benefício tem características especiais por funcionar em regime de compensação, uma vez que o empregador paga o valor correspondente ao salário-família aos empregados e depois o desconta do total das contribuições que deve recolher à Previdência. Quando o pai e a mãe são segurados, o salário-família é devido aos dois.

Cálculos Trabalhistas

O valor do salário-família é fixo, reajustado periodicamente pelo governo; é devido durante todo o período do contrato e em qualquer tipo de rescisão, não se caracterizando verba salarial. Se a admissão ou demissão ocorrer no decurso do mês, o salário-família será pago na proporção dos dias trabalhados. Para o trabalhador avulso, a quota será integral, independentemente do total de dias trabalhados.

O benefício será encerrado quando o(a) filho(a) completar 14 anos.

O valor do salário-família, desde 01/01/2015, é de R$ 37,18, para quem ganha até R$ 725,02, e de R$ 26,20 para o empregado que recebe salário de R$ 725,03 até R$ 1089,72 (Portaria Interministerial MPS/MF nº 15).

15.1. Fórmula de cálculo

Salário-Família = Valor-quota x nº de filhos menores de 14 anos ou inválidos

16. Salário-maternidade

É um benefício da Previdência Social concedido a toda gestante e mães adotivas seguradas, inclusive empregada doméstica e trabalhadora avulsa. É pago pelo INSS pelo período de 120 dias, durante a licença-maternidade, através da rede bancária conveniada ou empresa à segurada, com a devida compensação do valor, conforme a Lei 10.710, de 05/08/03 (www.mpas.gov.br).

O valor do salário-maternidade corresponde a uma renda mensal igual à remuneração da segurada. Também é pago o 13º salário relativo ao período de licença.

Durante o período de licença, o empregador deverá recolher o FGTS e pagar ao INSS o valor relativo à contribuição que lhe cabe sobre o salário da segurada.

17. Ajuda de Custo

Segundo o Tribunal Superior do Trabalho, a ajuda de custo tem natureza indenizatória, nunca salarial; é paga de uma só vez, para atender a certas despesas eventuais. As ajudas de custo mais comuns são as relativas a transferências e diárias para viagem, devendo ser levadas em conta nos cálculos somente para efeito de indenização.

As diárias para viagem são consideradas ajuda de custo quando não ultrapassam 50% do salário; após esse limite, passam a incorporar o salário.

18. Adicional de Transferência

O adicional de transferência é um tipo de ajuda de custo, previsto no § 3º do art. 469 da CLT. O adicional é de, no mínimo, 25% do salário, enquanto durar a transferência. O "salário" a que se refere não especifica se é salário-base ou remuneração total, dando margem a divergências, mas, pelas definições adotadas neste estudo sobre verbas salariais, fica bem claro que o adicional se refere ao salário-base mais as parcelas de natureza salarial.

19. Fundo de Garantia por Tempo de Serviço – FGTS

O FGTS foi instituído pela Lei 5.107/66. É um direito constitucional direcionado aos empregados urbanos e rurais, na forma do art. 7º, III, da CF/88, disciplinado pela Lei 8.036/90 e pelo Decreto 99.684/90. Todo empregado admitido a partir da Constituição de 1988 tem direito aos depósitos do FGTS, obrigatoriamente, assim como aqueles que por ele optaram antes da CF/88. A finalidade da criação desse benefício foi substituir a indenização por tempo de serviço e eliminar a estabilidade do empregado.

Consiste em um percentual incidente sobre a remuneração do empregado, o qual deve ser depositado pelo empregador em uma conta especial da Caixa Econômica Federal, em nome do empregado, até o 7º dia de cada mês subsequente ao mês vencido. Este fundo também garante uma multa indenizatória em determinados casos de rescisão do contrato de trabalho. Da multa rescisória do FGTS trataremos a seguir, nas Verbas Rescisórias.

Os depósitos mensais correspondem ao valor de 8% sobre a remuneração do empregado, sendo que, em contratos de aprendizagem e em alguns casos de contrato de trabalho por prazo determinado, a alíquota é de 2%.

Durante todo o período de vigência do contrato de trabalho, deverá ser recolhido mensalmente o valor relativo ao FGTS, inclusive durante a dispensa para tratamento de saúde de até 15 dias, licença por acidente de trabalho, licença-maternidade, licença-paternidade, prestação de serviço militar, férias e demais casos de ausências remuneradas.

A nova Lei Complementar 123/2006 relativa ao tratamento diferenciado às microempresas e empresas de pequeno porte, dispõe no seu art. 53, inciso IV, sobre o benefício da dispensa do pagamento das contribuições sociais instituídas pelos arts. 1º e 2º da Lei Complementar nº 110, de 29 de junho de 2001.

Os valores do FGTS que não foram recolhidos na época devida serão calculados tomando por base o valor da remuneração do mês em atraso, aplicando sobre esse valor o percentual de incidência e, posteriormente, corrigindo os valores por meio de índices fornecidos pela Caixa Econômica Federal através do *site* http://www.caixa.gov.br.

Os recolhimentos mensais deverão ser feitos nas agências da Caixa Econômica Federal, órgão gestor do FGTS, e serão efetuados por meio eletrônico.

As parcelas que integram ou não a remuneração para efeito de incidência do FGTS estão relacionadas na tabela de incidência encontrada no Anexo A.

O levantamento dos depósitos de FGTS depende do tipo de rescisão do contrato e de algumas situações específicas.

20. Verbas Rescisórias

A rescisão do contrato de trabalho se dá na demissão do empregado e deve ser efetivada mediante o TRCT (Termo de Rescisão do Contrato de Trabalho), documento padronizado e obrigatório, de acordo com a legislação em vigor. A demissão se dará por diversas causas: pedido de dispensa, acordo, dispensa por justa causa, dispensa sem justa causa, término de contrato etc.

A homologação é obrigatória no caso de empregados com mais de 12 meses de serviços prestados quando da rescisão do contrato. A homologação compreende a assistência, por parte do sindicato de classe do empregado ou órgão do Ministério do Trabalho, no ato rescisório.

O pagamento das parcelas devidas a título de rescisão contratual, exceto prescrição mais favorável prevista em normas coletivas, deverá obedecer ao seguinte prazo para pagamento:

- Até o primeiro dia útil imediato ao término do contrato após o cumprimento do aviso;
- Até o décimo dia, contado a partir da data da notificação da demissão sem aviso-prévio, da indenização ou dispensa do seu cumprimento. Se o décimo dia recair em sábado, domingo ou feriado, o vencimento será antecipado para o dia útil imediatamente anterior.

O tipo de verbas devidas na rescisão é determinado, de modo geral, pelo motivo da rescisão contratual e pelo tempo de serviço do empregado, conforme considerações a seguir:

- *Verbas devidas na dispensa por justa causa*
Menos de um ano: Saldo de Salário; FGTS mês rescisão.
Mais de um ano: Férias vencidas; 1/3 sobre férias; saldo de salário; FGTS mês rescisão.

- *Verbas devidas na dispensa sem justa causa*
Menos de um ano: Aviso-Prévio; saldo de salário; salário-família; 13º salário proporcional; férias proporcionais; 1/3 sobre férias; FGTS mês rescisão; multa 40% sobre depósitos do FGTS.

Mais de um ano: Aviso-Prévio; 13º salário proporcional; férias proporcionais; férias vencidas; 1/3 sobre férias; saldo de salário; FGTS mês rescisão; multa 40% sobre depósitos do FGTS.

- *Verbas devidas no pedido de dispensa pelo empregado*
(O empregado deverá dar aviso-prévio ao empregador)
Menos de um ano: saldo de salário; salário-família; 13º proporcional; férias proporcionais; FGTS mês rescisão.

Mais de um ano: saldo de salário; salário-família; 13º proporcional; férias vencidas; férias proporcionais; 1/3 sobre férias; FGTS mês da rescisão.

- *Verbas devidas na rescisão indireta*
(justa causa motivada pelo empregador)
Menos de um ano: saldo de salário; salário-família; aviso--prévio; 13º salário proporcional; férias proporcionais; 1/3 sobre férias; FGTS mês rescisão; multa 40% sobre depósitos do FGTS.

Mais de um ano: saldo de salário; salário-família; aviso--prévio; 13º salário proporcional; férias proporcionais; férias vencidas; 1/3 sobre férias; FGTS mês da rescisão; multa 40% sobre depósitos do FGTS.

- *Verbas devidas na despedida por culpa recíproca*

Menos de um ano: saldo de salário; salário-família; 50% do aviso-prévio; 50% do 13º salário proporcional; 50% das férias proporcionais; 1/3 sobre férias; FGTS mês rescisão; multa 20% sobre depósitos do FGTS.

Mais de um ano: saldo de salário; salário-família; 50% do aviso-prévio; 50% do 13º salário proporcional; 50% das férias proporcionais; férias vencidas; 1/3 sobre férias; FGTS mês rescisão; multa 20% sobre depósitos do FGTS.

- *Verbas devidas na extinção de contrato por falecimento do empregado*

Menos de um ano: saldo de salário; salário-família; 13º salário proporcional; férias proporcionais; 1/3 sobre férias; FGTS do mês.

Mais de um ano: saldo de salário; salário-família; 13º salário proporcional; férias proporcionais; férias vencidas; 1/3 sobre férias; saldo de salário; FGTS do mês.

- *Verbas devidas na extinção do contrato por fechamento da empresa*

Menos de um ano: saldo de salário; salário-família; avi so-prévio; 13º salário proporcional; férias proporcionais; 1/3 sobre férias; FGTS mês rescisão; multa 40% sobre depósitos do FGTS.

Mais de um ano: saldo de salário; salário-família; aviso-prévio; 13º salário proporcional; férias proporcionais; férias vencidas; 1/3 sobre férias; FGTS mês rescisão; multa 40% sobre depósitos do FGTS.

- *Verbas devidas na extinção de contrato a prazo determinado*

Menos de um ano: saldo de salário; salário-família; 13º salário proporcional; férias proporcionais; 1/3 sobre férias; FGTS mês rescisão.

Mais de um ano: saldo de salário; salário-família; 13º salário proporcional; férias proporcionais; férias vencidas; 1/3 sobre férias; FGTS mês rescisão.

- *Verbas devidas na extinção antecipada de contrato a prazo determinado*

Por iniciativa do empregador – art. 479 *da CLT*: aviso--prévio, quando for sem justa causa; indenização de 50% do salário que seria devido até o fim do contrato; salário--família; 13° salário proporcional; férias proporcionais; 1/3 sobre férias; FGTS mês rescisão; multa 40% sobre depósitos do FGTS.

Por iniciativa do empregado – art. 480 *da CLT*: 13° salário proporcional; saldo de salário; FGTS mês rescisão.

No contrato a prazo determinado, conforme o art. 480 da CLT, poderá o empregado ficar sujeito a indenizar o empregador por prejuízos resultantes do desligamento até o limite do valor que teria direito a receber durante o contrato, cabendo ao empregador comprovar esses prejuízos.

No caso do contrato de experiência possuir cláusula assecuratória de direito recíproco de rescisão (art. 481 da CLT), tornar-se-á análogo ao contrato a prazo indeterminado e, assim sendo, se o empregador tomar a iniciativa de rompê-lo, o empregado terá direito a aviso-prévio; na situação inversa, poderá ser descontado o aviso-prévio.

20.1. Aviso-prévio

O aviso-prévio de que trata o Capítulo VI do Título IV da Consolidação das Leis do Trabalho – CLT – é um direito essencialmente rescisório, sendo devido, nos contratos por prazo indeterminado, a partir do momento em que uma das partes notifica a outra sobre a rescisão, com a antecedência mínima de 30 dias, na forma do art. 487, inciso II, da CLT, e art. 7°, inciso XXI, da CF/88.

A Lei 12.506, de 11 de outubro de 2011, beneficia os trabalhadores com bastante tempo de casa. Conforme os esclarecimentos constantes na Nota Técnica CGRT/SRT/MTE n° 184/2012, sobre a aplicação da referida Lei, o aviso-prévio deverá ser concedido por um período de 30 (trinta) dias aos empregados mensalistas que tenham até 1 (um) ano de serviço no mesmo emprego. E a partir do momento em que a relação contratual supere um ano, computar-se-á 3 (três) dias ao tempo do aviso-prévio por ano trabalhado, até o máximo de 60 (sessenta) dias, perfazendo um total de até 90 (noventa) dias.

O aviso-prévio pode ser trabalhado ou indenizado e sempre integra o tempo de serviço para todos os efeitos legais.

No aviso prévio trabalhado, o empregado poderá optar por cumprir a jornada diária com redução de 2 horas, ou cumprir a jornada normal e nos últimos dias deixar de comparecer por 7 dias corridos, ou 1 dia no caso de receber por semana, sem prejuízo na sua remuneração. Em relação à proporcionalidade da redução da jornada, a Lei 12.506/11 em nada modificou, de modo que continua em vigência a mesma redução prevista no art. 488 da CLT.

O aviso-prévio será indenizado quando uma das partes resolver rescindir bruscamente o contrato, não atendendo ao dispositivo legal de notificar a outra com antecedência de 30 dias, o que implica a indenização correspondente. Sendo iniciativa do empregador a dispensa do trabalho, caberá a ele indenizar o empregado com o valor correspondente à remuneração do período de aviso-prévio; sendo iniciativa do empregado, assiste ao empregador o direito de descontar esse valor por ocasião da quitação das verbas rescisórias.

O empregado faz jus ao aviso-prévio nos casos de despedida sem justa causa, rescisão indireta, extinção da empresa sem força maior, falência ou concordata e também nos contratos por prazo determinado que contenham cláusula assecuratória do direito de rescisão antecipada.

O cálculo é direcionado para o aviso-prévio indenizado, já que o trabalhado transcorre como mês normal, pois a redução da carga horária não altera a remuneração mensal.

O pagamento do aviso-prévio trabalhado ou indenizado está sujeito à contribuição para o FGTS, conforme Súmula 305 do TST e Instrução Normativa nº 3, de 26.06.1996.

Cálculos Trabalhistas

O valor corresponde ao salário-base ou contratual, acrescido de todas as parcelas salariais habituais, como horas extras, adicionais e gratificações, pela média dos últimos 12 meses.

O aviso-prévio denominado "cumprido em casa" nada mais é do que uma flexibilização do aviso-prévio indenizado, durante o qual o empregado fica dispensado do trabalho pelo tempo que a ele corresponderia, porém, seu pagamento é feito ao final do respectivo período.

20.2. Acréscimo sobre o FGTS – Multa Rescisória

O depósito mensal do FGTS não é um direito rescisório, tampouco o levantamento, já que, conforme dispõem a Lei 8.036/90 e o Decreto 99.684/90, em muitos casos é facultado o saque, independentemente de rescisão contratual. Porém, o acréscimo sobre os depósitos corresponde a um direito efetivamente rescisório.

O acréscimo sobre o FGTS é devido pelo empregador na rescisão do contrato de trabalho, dependendo do modo como se deu a rescisão. Seu valor é calculado, aplicando-se uma percentagem sobre o montante de todos os depósitos efetuados na conta vinculada durante o contrato de trabalho (conforme extrato de FGTS), inclusive sobre os depósitos já sacados, e ainda sobre os depósitos do mês da rescisão e do mês anterior.

A Lei Complementar nº 110, de 29.06.01, com a finalidade de ressarcir as perdas monetárias em função dos vários planos econômicos havidos no país, aumentou os percentuais relativos ao depósito mensal em 0,5%, passando de 8 para 8,5%, e a multa rescisória, em dez pontos percentuais, passando de 40% para 50%. No entanto, esses acréscimos percentuais, devidos pelo empregador a título de contribuição social, deveriam incorporar-se ao Fundo e não seriam vinculados à conta do empregado, podendo este, se fosse o caso, vir a ser beneficiário dos créditos de complementação de atualização monetária. Os valores que, efetivamente, continuaram sendo direcionados à conta vinculada eram de 8%, e o acréscimo rescisório, de 40%.

Em relação à contribuição social de 0,5%, instituída sobre os depósitos mensais do FGTS e tratada no art. 2º da Lei 110/2001, o prazo de vigência de 60 meses estipulado, a contar de sua exigibilidade, findou em janeiro de 2007. No que concerne ao acréscimo da multa rescisória incidente sobre o saldo da conta vinculada, o disposto no art. 1º da referida lei não especificou prazo de vigência, razão pela qual, o acréscimo de 10% tem sido alvo de controvérsias porque, embora tenha cumprido seu objetivo original, o PL 200/2012, aprovado, que extinguiria o acréscimo da mencionada multa a partir de junho de 2013, recebeu o veto presidencial que, politicamente, foi mantido pelo Congresso Nacional, acolhendo o propósito de subsidiar programas do governo em andamento.

O acréscimo rescisório recai sobre os depósitos, nas rescisões por despedida sem justa causa, despedida indireta, falência ou concordata e extinção da empresa. Nos casos de rescisão por culpa recíproca e extinção da empresa por força maior, o valor da multa é de 20%.

O valor da multa rescisória é igual ao valor dos depósitos efetuados, a título de FGTS, durante o contrato de trabalho, multiplicado pelo percentual da multa estipulada.

20.3. Indenização por tempo de serviço

A indenização por tempo de serviço é um direito em extinção em face da instituição do FGTS. Quando a Lei 5.107/66 criou o FGTS, os empregados que por ele optaram perderam o direito a essa indenização. Com a promulgação da CF/88, que impôs a todos os trabalhadores o regime do FGTS, somente permaneceram com ela os que eram não optantes à época anterior à CF/88 e já tinham direito adquirido pelos anos anteriores à promulgação da Constituição.

A indenização por tempo de serviço deve ser paga com base na maior remuneração anual e por ano de serviço, conforme disposto nos artigos 477 e 478 da CLT. Todas as parcelas salariais integram o cálculo para efeito dessa indenização. Em cada ano de indenização computa-se 1/12 a título de 13° salário (Súmula 148 do TST).

20.3.1. Forma e fórmula de cálculo

É obtida a indenização por tempo de serviço multiplicando-se a maior remuneração mensal do empregado pelo número de anos ou fração igual ou superior a 6 meses trabalhados antes da opção pelo FGTS (opção facultativa antes e obrigatória após a CF/88). Computa-se ainda ao valor mais 1/12 por ano, a título de 13° salário.

Indenização = (remuneração mensal x n° de anos de serviço anteriores à opção) + (1/12 da remuneração x anos de serviço anteriores à opção)

20.4. Indenização do empregado estável decenal

Assim como a indenização por tempo de serviço, a indenização por estabilidade decenal está em extinção. Têm direito a ela somente os empregados que adquiriram estabilidade após os 10 anos de serviço (art. 492 da CLT), sendo assegurada àqueles que adquiriram o direito antes da Constituição Federal de 1988.

É calculada como a indenização por tempo de serviço e multiplicada por 2 (dobro).

20.5. Direitos na despedida do estável provisório

O estável provisório é aquele que, por determinadas circunstâncias, adquire estabilidade no emprego por um período limitado. Seria uma garantia provisória de emprego.

Existe a estabilidade provisória contratual (por força de contrato), enquanto durar o contrato; a estabilidade concedida por convenção ou dissídio coletivo, pelo tempo estabelecido na norma coletiva; da gestante, adquirida mesmo que o contrato seja de experiência, que vai desde a concepção até 5 meses após o parto; do cipeiro (membro da CIPA), desde o registro da candidatura até um ano após o final de seu mandato; do representante sindical, desde o registro da candidatura até um ano após o final de seu mandato; do acidentado, até 12 meses após a alta.

O empregado protegido pela estabilidade provisória não pode ser demitido enquanto durar a estabilidade, a não ser que tenha cometido falta grave. Via de regra, quando ele é despedido por iniciativa do empregador, é determinada a reintegração, mas há determinados casos em que esta é substituída pela indenização, que consiste no pagamento de todos os direitos trabalhistas do empregado, desde a demissão até o final da estabilidade.

Nos contratos a prazo determinado, a estabilidade provisória vigora somente durante o prazo do contrato.

20.6. Indenização do artigo 9° da Lei 6.708/79 e Lei 7.238/84

É a indenização devida ao empregado despedido sem justa causa 30 dias antes da data de sua correção salarial. Para efeito da lei, conta-se o período de aviso-prévio trabalhado ou indenizado no valor correspondente ao da data da comunicação do aviso. Conforme o Enunciado 314 do TST, mesmo que o empregado receba a indenização adicional, suas verbas rescisórias deverão ser pagas já com o reajuste salarial. O valor da indenização é um salário, ou remuneração mensal, devidamente corrigido.

20.7. Multa do artigo 477 da CLT

O art. 477 da CLT, no § 6°, estipula prazo para pagamento das parcelas constantes do direito rescisório:

- Até o primeiro dia útil imediato ao término do contrato após o cumprimento do aviso;
- Até o décimo dia, contado a partir da data da notificação da demissão sem aviso-prévio, aviso-prévio indenizado ou dispensa do seu cumprimento.

Cálculos Trabalhistas

Se o empregador não cumprir esses prazos, estará sujeito a uma multa no valor de um salário do empregado, devidamente atualizado.

Esse artigo não especifica se se trata de salário contratual ou deste acrescido das verbas salariais, o que pode dar margem a divergências. Na prática, porém, observa-se que é usual considerar o salário-base (contratual).

20.8. Multa do artigo 467 da CLT

Com a edição da Lei 10.272, de 5 de setembro de 2001, a penalidade prevista no art. 467, que exigia o pagamento em dobro dos salários incontroversos, passou a ser de 50% sobre a parte incontroversa.

Essa multa é aplicada quando houver reclamatória trabalhista em que existam divergências sobre o valor das verbas rescisórias. Na data da audiência, o empregador é obrigado a pagar ao empregado a parte incontroversa das parcelas rescisórias, sob pena de pagá-las com um acréscimo de 50%. Esse acréscimo incidirá sobre o aviso-prévio, férias pagas na rescisão, 13º salário da rescisão, saldo de salários e 40% do FGTS.

O valor é tributável, porém não sofre dedução previdenciária.

20.9. Indenização na rescisão de contrato com prazo determinado

O contrato a prazo determinado (disposto nos artigos 443, 445, 451, 479, 480 e 481 da CLT) tem a vigência determinada pelo término da obra certa acordada ou pelo cumprimento do prazo preestabelecido entre as partes. Portanto, seu término tem previsibilidade. O contrato não poderá ser prorrogado por mais de uma vez e não deverá ser ajustado por mais de 2 anos, sob pena de se transformar em contrato a prazo indeterminado.

O contrato de experiência é um contrato a prazo determinado, podendo ser prorrogado apenas uma vez, não podendo ultrapassar o prazo máximo estipulado de 90 dias. Também o é o contrato de safra, cujo tempo corresponde à duração de determinada safra (café, laranja, arroz, algodão, etc.).

No contrato a prazo determinado, a parte que quiser rescindir antes do tempo terá que indenizar a outra. Assim sendo, se o empregado for demitido sem justa causa, o empregador será obrigado a pagar-lhe, a título de indenização, a metade (50%) da remuneração a que teria direito até o término do contrato. Por outro lado, quando for do empregado a iniciativa de romper o vínculo, ele deverá indenizar o empregador pelos prejuízos daí resultantes, até o limite da remuneração a que teria direito até o final do contrato, em condições idênticas.

Quando o contrato a prazo determinado for instituído por convenções e acordos coletivos, as regras deverão estar em acordo com os dispositivos da Lei 9.601/98.

21. Seguro-desemprego

O seguro-desemprego visa a promover assistência financeira temporária aos trabalhadores desempregados em virtude de dispensa sem justa causa, inclusive a indireta.

A Lei nº 13.134, de 06 de junho de 2015, altera a Lei 7.998/90, que anteriormente regia tal benefício, tornando mais rígidas as regras do seguro-desemprego.

Para efetuar o encaminhamento, é necessário que o empregador tenha fornecido, na rescisão, além do TRCT (Termo de Rescisão do Contrato de Trabalho), o documento de Comunicação de Dispensa (CD) e o Requerimento de Seguro-Desemprego (SD).

Para receber o seguro-desemprego, o trabalhador não deve estar em gozo de benefício previdenciário, exceto auxílio-acidente e pensão por morte; não poderá possuir renda própria de qualquer natureza, suficiente para a sua manutenção e a de sua família e deverá permanecer em situação de desemprego.

Para requerer Seguro desemprego, é necessário que o trabalhador comprove o vínculo empregatício com pessoa jurídica ou pessoa física equiparada à jurídica.

- *No primeiro requerimento do seguro-desemprego*:
Receberá 4 parcelas, se tiver trabalhado entre 18 e 23 meses;
Receberá 5 parcelas, se tiver trabalhado no mínimo 24 meses.

- *Segunda solicitação*:
Receberá 4 parcelas, se tiver trabalhado entre 12 e 23 meses;
Receberá 5 parcelas, se tiver trabalhado a partir de 24 meses.

- *Terceira solicitação*:
Receberá 3 parcelas, se tiver trabalhado, no mínimo, 6 meses e no máximo 11 meses;
Receberá 4 parcelas, se tiver trabalhado entre 12 e 23 meses consecutivos;
Receberá 5 parcelas, se tiver trabalhado a partir de 24 meses consecutivos.

O tempo de duração do benefício e o número de parcelas têm por base o período de 36 meses que antecedem a data da dispensa.

A apuração do valor da parcela terá como base a média dos últimos 3 meses de salários recebidos no último vínculo empregatício; se o trabalhador, em vez dos três salários do referido vínculo, recebeu apenas dois salários, a apuração se dará pela média dos dois; se houver recebido apenas um salário integral no período, este é que será considerado para cálculo do valor da parcela.

O valor de referência, no requerimento do seguro-desemprego, deverá equivaler ao valor que o trabalhador recebia no período de um mês, devendo ser encontrado o respectivo montante quando a remuneração for diária, semanal ou quinzenal.

Valores vigentes a partir de janeiro de 2016 até o próximo aumento de salário:

- até R$ 1.360,70, multiplica-se o salário médio pelo fator 0,8 (80%);
- de R$ 1,360,70 até R$ 2.268,05, aplica-se, até o limite do inciso anterior, a regra nele contida e, no que exceder, o fator 0,5 (50%), somando-se a R$ 1.088,56;
- acima de R$ 2.268,05, o valor do benefício será R$ 1.542,24, invariavelmente.
- o valor da parcela não poderá ser inferior ao salário mínimo.

Existem categorias especiais de trabalhadores que têm regulamentações diferenciadas para o recebimento do seguro-desemprego. Um exemplo é o dos pescadores artesanais, devido à singularidade decorrente da época da piracema, os quais são regidos pela Lei 10.779/2003, cujo valor do benefício, quando deferido, corresponde a um percentual sobre seus ganhos, no período de defeso da atividade pesqueira, para a preservação das espécies.

No caso dos empregados domésticos, estes devem ter trabalhado e contribuído com o FGTS por, pelo menos, quinze meses nos últimos vinte e quatro meses que antecedem à data da dispensa que deu origem ao requerimento do seguro-desemprego. O valor do benefício corresponderá a um salário-mínimo e será concedido por um período máximo de três meses.

Cálculos Trabalhistas

22. Descontos Obrigatórios na Folha de Pagamento

22.1. Contribuição sindical dos empregados

O artigo 149 da Constituição Federal prevê a Contribuição Sindical, nos seguintes termos:

"Art. 149. Compete exclusivamente à União instituir contribuições sociais, de intervenção no domínio econômico e de interesse das categorias profissionais ou econômicas, como instrumento de sua atuação nas respectivas áreas, observado o disposto nos arts. 146, III e 150, I e III, e sem prejuízo do previsto no art. 195, § 6º, relativamente às contribuições a que alude o dispositivo.

Parágrafo único – Os Estados, o Distrito Federal e os municípios poderão instituir contribuição, cobrada de seus servidores, para o custeio, em benefício destes, de sistemas de previdência e assistência social."

Os artigos 578 e 579 da CLT preveem que as contribuições devidas aos sindicatos, pelos que participem das categorias econômicas ou profissionais ou das profissões liberais representadas pelas referidas entidades, têm a denominação de "Contribuição Sindical".

Ninguém é obrigado a filiar-se a sindicato, mas todas pertencem a uma categoria, tanto que são obrigadas a contribuir anualmente, em virtude disso, fazem jus a todos os direitos dispostos na convenção coletiva, inclusive o dissídio.

A Contribuição Sindical é devida por todos aqueles que participarem de uma determinada categoria econômica ou profissional, ou de uma profissão liberal, em favor do sindicato representativo da mesma categoria ou profissão. Na inexistência dessa categoria, o recolhimento será feito à federação correspondente à mesma categoria econômica ou profissional (art. 591 da CLT).

É obrigatório descontar, na folha de pagamento do mês de março de cada ano, a contribuição sindical, também

74   *Gisele Mariano da Rocha*

chamada de imposto sindical, relativa a um dia de trabalho de todos os empregados, qualquer que seja a forma da remuneração. Considera-se um dia de trabalho:

- uma jornada normal de trabalho, se o pagamento ao empregado for feito por unidade de tempo;
- 1/30 da quantia percebida no mês anterior, se a remuneração for paga por mês, tarefa, empreitada ou comissão.

O recolhimento obedecerá ao sistema de guias, de acordo com as instruções expedidas pelo Ministério do Trabalho, e o pagamento será efetuado na Caixa Econômica Federal ou no Banco do Brasil.

De acordo com o art. 545 da CLT, os empregadores ficam obrigados a descontar, na folha de pagamento dos seus empregados associados, desde que por eles devidamente autorizadas, as demais contribuições devidas ao sindicato, salvo quanto à contribuição sindical cujo desconto independe dessa formalidade.

As demais contribuições que poderão ser cobradas pelos sindicatos são:

- Mensalidade Sindical: é devida pelo empregado associado e descontada em folha;
- Contribuição Confederativa: a CF/88 não fixa parâmetros sobre essa contribuição; em decisão do STF, será devida somente pelos associados;
- Taxa Assistencial ou Contribuição Assistencial: é inserida pelas entidades sindicais nos instrumentos normativos da categoria, e os valores deverão ser recolhidos pelos empregados ou empregadores por elas representados.

A Lei Complementar 123/2006, relativa ao tratamento dispensado às microempresas e empresas de pequeno porte, dispõe no art. 53, inciso II, a dispensa do pagamento das contribuições sindicais de que trata a Seção I do Capítulo III do Título V da Consolidação das Leis do Trabalho – CLT –,

Cálculos Trabalhistas

aprovada pelo Decreto-Lei nº 5.452, de 1º de maio de 1943. Este benefício é válido por até 3 (três) anos-calendário.

22.2. Contribuição fiscal – Imposto de Renda

O imposto de renda retido na fonte (IRRF), a ser descontado sobre os rendimentos do trabalho assalariado, pago por pessoas físicas ou jurídicas, bem como sobre os demais rendimentos percebidos por pessoas físicas os quais não estejam sujeitos à tributação exclusiva na fonte, pagos por pessoas jurídicas, será calculado com base nas tabelas progressivas de valores divulgadas pela Secretaria da Receita Federal.

A tributação do imposto de renda sobre os rendimentos do trabalho assalariado pago incide sobre as verbas e os rendimentos relacionados na tabela de incidência encontrada no Anexo A deste trabalho.

O IRRF sobre a gratificação de natal (13º salário) deverá ser tributado na sua integralidade (valor da 1ª e da 2ª parcelas), na época da quitação da última parcela e em separado dos demais rendimentos, por sofrer tributação exclusiva na fonte. Da mesma forma, sofre tributação exclusiva na fonte a importância recebida pelos trabalhadores a título de participação nos lucros, na forma da Lei 10.101/2000.

Também deve ser tributado em separado dos demais rendimentos o valor relativo às férias, acrescido do terço constitucional, inclusive quando pago em dobro.

Tabela mensal para ano-calendário de 2015

Base de Cálculo em R$	Alíquota %	Parcela a Deduzir do Imposto em R$
Até 1.903,98	–	–
De 1.1903,99 até 2.826,65	7,5	142,80
De 2.826,66 até 3.751,05	15	354,80
De 3.751,06 até 4.664,68	22,5	636,13
Acima de 4.664,68	27,5	869,36

Na determinação da base de cálculo sujeita à incidência de imposto, poderão ser deduzidas:

- as importâncias pagas a título de pensão alimentícia, em face das normas do Direito de Família, quando em cumprimento de decisão judicial ou de acordo homologado judicialmente, inclusive a prestação de alimentos provisionais;
- a quantia equivalente a R$ 189,59 por dependente;
- as contribuições para a previdência social da União (INSS), dos Estados, do Distrito Federal e dos Municípios;
- as contribuições para as entidades de previdência privada domiciliadas no Brasil e as contribuições para o Fundo de Aposentadoria Programada Individual – FAPI –, cujo ônus tenha sido do contribuinte, destinadas a custear benefícios complementares assemelhados aos da Previdência Social, no caso de trabalhador com vínculo empregatício ou de administradores;
- R$ 1.903,98 por aposentadoria e pensão paga pela previdência pública ou privada, por qualquer pessoa jurídica de direito público interno, ou por entidade de previdência complementar, a partir do mês que o segurado completar 65 anos.

Para calcular o valor a pagar, após selecionar as verbas incidentes e, se for o caso, proceder os descontos pertinentes, deve-se aplicar a alíquota correspondente e, em seguida, deduzir a parcela, de acordo com a tabela.

O imposto de renda não recolhido no prazo legal deverá ser atualizado com os acréscimos legais previstos na legislação tributária, ou seja, à aplicação de juros equivalentes à taxa referencial do Sistema Especial de Liquidação e de Custódia – SELIC – até o mês anterior ao pagamento, mais juros de 1% no mês do pagamento e à multa de 0,33% ao dia, limitada a 20%. A Secretaria da Receita Federal, através do *site* <www.receita.fazenda.gov.br>, disponibiliza mensalmente a taxa Selic e a tabela prática com os coeficientes a serem aplicados diretamente sobre os valores dos tributos e contribuições federais em atraso.

22.3. Contribuição previdenciária – INSS

Todos os trabalhadores empregados com carteira assinada, sejam trabalhadores temporários, diretores-empregados, trabalhadores domésticos ou avulsos, devem contribuir para a previdência social com um valor percentual sobre sua remuneração.

A Lei 8.212/91 dispõe sobre a organização da Seguridade Social, institui Plano de Custeio e dá outras providências, segundo o disposto no art. 33: "À Secretaria da Receita Federal do Brasil compete planejar, executar, acompanhar e avaliar as atividades relativas à tributação, à fiscalização, à arrecadação, à cobrança e ao recolhimento das contribuições sociais previstas no parágrafo único do art. 11 desta Lei, das contribuições incidentes a título de substituição e das devidas a outras entidades e fundos". (Redação dada pela Lei nº 11.941, de 2009).

A base percentual para a contribuição de cada segurado empregado ao Instituto Nacional do Seguro Social é de 8%, 9% e 11%, dependendo do valor do salário de contribuição determinado pela previdência social. Esse valor incide sobre as verbas de natureza salarial (ver tabela de incidências – Anexo A) que o empregado perceber, e deve ser descontado na folha de pagamento.

Quando a remuneração do segurado empregado for proporcional aos dias ou horas trabalhadas, a contribuição incidirá sobre o que, efetivamente, lhe for pago, observado o limite mínimo da contribuição (1 salário mínimo). No caso de ocorrer mais de um vínculo empregatício, as remunerações deverão ser somadas para um perfeito enquadramento na tabela de contribuições, respeitando sempre o teto de contribuição.

Ao valor referente ao 13º salário deve ser aplicada a alíquota da tabela de contribuição, em separado do valor correspondente ao salário mensal, não devendo essas verbas ser somadas para o enquadramento na tabela.

Há um limite máximo para o desconto do INSS; quando o salário de contribuição do empregado for superior a esse limite ou teto de contribuição, o valor descontado será limitado ao teto estipulado. Esse limite máximo vale apenas para a contribuição do empregado. A empresa recolhe a contribuição previdenciária sobre o total da folha de salários.

O recolhimento dos valores ao INSS se dará por meio de aplicativos eletrônicos disponibilizados nos bancos conveniados ou pela Internet. Aos recolhimentos dos valores vencidos a partir da competência de dezembro de 2008, serão aplicados aos valores históricos juros equivalentes à Taxa Referencial do Sistema Especial de Liquidação e de Custódia – SELIC –, aplicados desde o primeiro dia do segundo mês subsequente ao do vencimento do prazo previsto para o pagamento do tributo ou contribuição, até o último dia do mês anterior ao do pagamento, mais 1% no mês que ocorrer o pagamento, e de multa de mora, calculada à taxa de 0,33% por dia de atraso, limitada ao percentual de 20%, conforme dispõe a Lei 8.212/91, art. 35:

> "Os débitos com a União decorrentes das contribuições sociais previstas nas alíneas *a*, *b* e *c* do parágrafo único do art. 11 desta Lei, das contribuições instituídas a título de substituição e das contribuições devidas a terceiros, assim entendidas outras entidades e fundos, não pagos nos prazos previstos em legislação, serão acrescidos de multa de mora e juros de mora, nos termos do art. 61 da Lei nº 9.430, de 27 de dezembro de 1996". (Redação dada pela Lei nº 11.941, de 2009)

O art. 61 da Lei 9.430/96 determina:

> "Os débitos para com a União, decorrentes de tributos e contribuições administrados pela Secretaria da Receita Federal, cujos fatos geradores ocorrerem a partir de 1º de janeiro de 1997, não pagos nos prazos previstos na legislação específica, serão acrescidos de multa

de mora, calculada à taxa de trinta e três centésimos por cento, por dia de atraso.

§ 1° A multa de que trata este artigo será calculada a partir do primeiro dia subseqüente ao do vencimento do prazo previsto para o pagamento do tributo ou da contribuição até o dia em que ocorrer o seu pagamento.

§ 2° O percentual de multa a ser aplicado fica limitado a vinte por cento.

§ 3° Sobre os débitos a que se refere este artigo incidirão juros de mora calculados à taxa a que se refere o § 3° do art. 5° da Lei 9.716/98, a partir do primeiro dia do mês subseqüente ao vencimento do prazo até o mês anterior ao do pagamento e de um por cento no mês de pagamento.

A tabela vigente a partir de 1° de janeiro de 2016, até o próximo aumento do salário mínimo, para segurados empregados, inclusive domésticos e trabalhadores avulsos, é a seguinte:

Salário de contribuição (R$)	Alíquota para fins de recolhimento ao INSS (%)
até R$ 1.556,94	8,00
de R$ 1.556,95 a R$ 2.594,92	9,00
de R$ 2.594,93 a R$ 5.189,82	11,00

23. Contribuição Previdenciária Patronal

A contribuição da parte empregadora não está sujeita a qualquer limitação sobre os valores da folha de pagamento, isto é, dentro das parcelas que integram o salário de contribuição não existe teto máximo para o recolhimento patronal.

Sendo o empregador pessoa jurídica, a parte devida pela empresa pode variar:

- de acordo com a relação de atividades em que estão enquadradas na Classificação Nacional de Atividades Econômicas – CNAE;
- de acordo com os percentuais previdenciários (empresas geralmente 20%, bancos 22,5%) e de terceiros, estabelecidos pelos códigos FPAS (Fundo de Previdência e Assistência Social);
- de acordo com o enquadramento no Risco Ambiental do Trabalho – RAT (1%, 2% ou 3%).

Sendo pessoa física, o empregador contribui com a alíquota de 12% sobre o salário de contribuição do empregado. No caso específico do produtor rural, o empregador contribui sobre as verbas incidentes da folha de pagamento com a alíquota de 2,7%, somente a título de terceiros (outras entidades), porque sua contribuição previdenciária se dá através de uma percentagem sobre a comercialização de seus produtos. Deve, porém, descontar e recolher ao INSS as contribuições dos empregados ou contribuintes individuais que lhe prestem serviços, nos mesmos prazos e segundo as mesmas normas aplicadas às empresas em geral.

As obrigações da empresa, em relação aos contribuintes individuais que lhe prestam serviço, são abordadas no capítulo seguinte.

As empresas cadastradas no SIMPLES estão isentas da contribuição patronal ao INSS, sendo obrigadas apenas ao recolhimento da contribuição referente à parte dos empregados, a qual será igual ao das demais empresas, conforme art. 20, § 2º, da Lei 8.620/93.

A Lei Complementar 123, de 14 de dezembro de 2006, estabelece normas gerais relativas ao tratamento diferenciado e favorecido a ser dispensado às microempresas e empresas de pequeno porte, no que se refere às obrigações previdenciárias e trabalhistas, que é concedido ao empresário com receita bruta anual inferior ao teto estipulado para enquadramento no Simples Nacional.

24. Contribuinte Individual

São enquadradas nesta categoria as pessoas que trabalham por conta própria e prestam serviços de natureza eventual e sem vínculo empregatício.

Com a edição da Lei Complementar nº 123, de 14 de dezembro de 2006, ficou instituído que, a partir da competência de abril/2007, passou a vigorar o "Plano Simplificado de Previdência Social" (PSP). De acordo com ele, os contribuintes individuais de baixa renda que trabalham por conta própria, sem relação de trabalho com empresas ou equiparadas, poderão optar pelo Plano Simplificado e contribuir com a alíquota reduzida no valor de 11% sobre o Salário Mínimo, que é o valor mínimo de referência para as contribuições previdenciárias. Os contribuintes individuais que fizerem essa opção não terão direito à aposentadoria por tempo de contribuição, sendo-lhes garantidos todos os demais benefícios da previdência social. Para que sejam beneficiados pela aposentadoria por tempo de contribuição, deverão continuar contribuindo com 20% sobre o valor por eles percebido, até o limite máximo do salário de contribuição.

Se os contribuintes individuais prestarem serviços a empresas ou equiparadas, não deverão optar pelo Plano Simplificado, porque a responsabilidade do recolhimento é da empresa contratante. Com a edição da MP nº 83, convertida na Lei 10.666, de 08/05/03, houve alterações na legislação previdenciária no que se refere ao recolhimento da contribuição do contribuinte individual.

A partir de 01/04/03, houve a extinção da escala de salário-base, e as empresas (inclusive produtor rural pessoa jurídica, empresas optantes pelo SIMPLES e cooperativas) passaram a ter a obrigação de arrecadar a contribuição previdenciária a cargo do contribuinte individual a seu serviço, descontando-a da remuneração paga ou creditada e recolhendo o valor até o dia 02 do mês seguinte. A alteração ocorreu apenas para a empresa em relação ao contribuinte individual.

Quando o contribuinte individual prestar serviço à pessoa física equiparada à empresa, produtor rural pessoa física ou missão diplomática e repartição consular de carreiras estrangeiras, o próprio contribuinte individual deverá recolher a sua contribuição sobre o pagamento recebido, observados os limites previstos no art. 214, §§ 3º e 5º, do Dec. 3.048/99. Segundo o art. 216, inciso II, e § 32 do mesmo diploma legal, esses contratantes estão excluídos da obrigação de arrecadar a contribuição relativa ao contribuinte individual que lhe preste serviço devendo, porém, recolher a cota patronal de 20%.

Para as empresas em geral, a alíquota a ser descontada do crédito do prestador de serviços, observado o limite máximo do salário de contribuição, é de 11% sobre o total da remuneração paga ou creditada ao contribuinte individual, ou de 20% se o empregador for entidade beneficente de assistência social, isenta das contribuições sociais patronais. Dessa forma, o montante a ser recolhido pelas empresas em geral corresponde à cota do prestador de serviço (11%), acrescido da cota patronal (20%).

O valor correspondente aos 11% descontados do contribuinte individual está limitado ao teto máximo. Cabe ao trabalhador observar que os valores recolhidos sobre a remuneração mensal não ultrapassem o valor do teto, como também, deverá recolher a complementação da diferença para atingir o limite mínimo quando o total dos pagamentos recebidos no mês, por serviços prestados a empresas, pessoas físicas ou por conta própria, for inferior ao limite mínimo do salário de contribuição.

Tabela de Contribuição para contribuinte individual para pagamentos a partir de 1º de janeiro de 2015.

Cálculos Trabalhistas

Plano Simplificado de Previdência Social (PSP)

Salário de contribuição	Alíquota para fins de recolhimento ao INSS
R$ 880,00	5%*
R$ 880,00	11%
R$ 880,00 até R$ 5.189,82	20%

* Alíquota exclusiva do microempreendedor individual e da segurada(o) facultativo que se dedique exclusivamente ao trabalho doméstico no âmbito de sua residência.

25. Empregados Domésticos

É considerado empregado doméstico aquele que presta serviço de natureza contínua a pessoa ou família, no âmbito residencial desta, em atividades sem fins lucrativos ou de natureza não econômica. Assim, motorista particular, jardineiro, passadeira, cozinheira, arrumadeira, babá, enfermeira particular, dama de companhia, governanta, etc. estão incluídos nessa categoria, desde que trabalhem, em caráter continuado, em uma residência.

A aprovação da Emenda Constitucional nº 72/2013, conhecida como "PEC das Domésticas", possibilitou a essa classe de trabalhadores novos direitos que se incorporaram aos outros anteriormente previstos na Lei 5.859/72, em outras Leis e na própria Constituição. Alguns direitos aprovados entraram em vigor imediatamente; outros dependiam de regulamentação, o que ocorreu com a publicação da Lei Complementar nº 150 de 1º de junho de 2015.

Com a regulamentação da profissão, o empregado doméstico adquiriu novos direitos, passando à categoria de contribuinte obrigatório perante a Previdência Social, e o empregador passou a assumir novos deveres.

A partir da vigência da nova Lei, os encargos mensais obrigatórios a serem recolhidos pelo empregador atingem 20% sobre o salário do empregado, correspondendo a 8% de contribuição social patronal (INSS); 0,8% para financiar um seguro para acidentes de trabalho; 8% para o FGTS e 3,2% para o fundo que assegurará o pagamento de multa nos casos de demissão sem justa causa. E, ainda, permite recolher o imposto de renda, quando atingir valor tributável e pagar o salário-família, quando o empregado tiver filhos até 14 anos ou pessoa deficiente como dependente. Neste caso, a importância relativa ao salário-família poderá ser descontado do valor da contribuição ao INSS.

A contribuição previdenciária do empregado dependerá de sua faixa salarial, mediante a aplicação da alíquota correspondente, conforme tabela em vigor.

Todos esses tributos serão recolhidos pelo empregador através de uma guia única, em um sistema denominado "Simples Doméstico", que calcula todos os encargos devidos e propicia o pagamento de forma eletrônica. Essa guia é acessada pelo portal <www.esocial.gov.br>, e o pagamento deve ser efetuado até o dia 7 do mês seguinte.

Os direitos assegurados ao empregado doméstico, em síntese são:

- Registro em carteira;
- Salário mínimo ou piso estadual fixado em lei superior ao salário mínimo;
- Irredutibilidade de salário;
- 13º salário;
- Repouso semanal remunerado, preferencialmente aos domingos. O trabalho prestado nesses dias, quando não compensado em outro dia da semana, deverá ser pago em dobro, sem prejuízo da remuneração relativa aos repousos semanais;
- Feriados civis e religiosos – Caso venha a prestar serviço, deverá ser remunerado em dobro ou receber folga compensatória em outro dia da semana;

- Férias anuais remuneradas de 30 dias, com pelo menos 1/3 de acréscimo na remuneração. O período de férias ficará a critério do empregador e deverá ser concedido nos 12 meses subsequentes à data em que o empregado tiver adquirido o direito (artigos 134 e 136 da CLT). O empregado poderá requerer a conversão de 1/3 das férias em abono pecuniário (transformar em dinheiro 10 dias das férias), desde que o faça até 15 dias antes do término do período aquisitivo (artigo 143 da CLT). O pagamento da remuneração das férias será efetuado até 2 dias antes do início do respectivo período de gozo (artigo 145 da CLT);
- Férias Proporcionais – O empregado que pede demissão antes de completar 12 meses de serviço tem direito ao período de férias proporcionais, bem como no término do contrato de trabalho, independentemente da forma de desligamento. Mesmo estando incompleto o período aquisitivo de 12 meses, será devida remuneração equivalente às férias proporcionais;
- Licença à gestante sem prejuízo do emprego e do salário, com duração de 120 dias (o pagamento será efetuado diretamente pela Previdência Social após ser agendado pelo *site*: <www.previdenciasocial.gov.br>. Durante esse período, o empregador deverá recolher apenas a parcela de contribuição a seu encargo;
- Estabilidade provisória no emprego desde a confirmação da gravidez até 5 (cinco) meses após o parto. A estabilidade ocorre, inclusive, durante o contrato de experiência;
- Licença-paternidade de cinco dias;
- Aviso-prévio;
- Vale-transporte, podendo ser descontado, a esse título, até 6% de seu salário. O restante deverá ser suportado pelo empregador;
- Jornada de trabalho de até 44 horas semanais e, no máximo, 8 horas diárias. Jornadas inferiores devem

ser expressamente ajustadas e especificadas em contrato e anotadas na Carteira de Trabalho;

- Intervalo para refeição e/ou descanso;
- Horas Extras – O adicional respectivo será de, no mínimo, 50% do valor da hora normal (artigo 7º, parágrafo único, da Constituição Federal);
- Adicional noturno – É considerado noturno o trabalho realizado entre as 22h e as 5h da manhã, com acréscimo de 20% e redução da hora;
- FGTS e multa rescisória no caso de o empregado ser demitido sem justa causa. Se o trabalhador for demitido por justa causa, ele não tem direito a receber os recursos da multa e a poupança volta para o empregador;
- Salário-Família pago pela Previdência Social;
- Seguro-Desemprego – O seguro-desemprego será pago durante no máximo três meses, no valor de um salário mínimo, para o doméstico dispensado sem justa causa (ver capítulo 21);
- Auxílio-creche e pré-escola – O pagamento de auxílio-creche dependerá de convenção ou acordo coletivo entre sindicatos de patrões e empregados;
- Seguro contra acidentes de trabalho – Os trabalhadores domésticos passarão a ser cobertos por seguro contra acidente de trabalho, conforme as regras da previdência. A contribuição de 0,8% é de responsabilidade do empregador.

A jornada diária deverá ser especificada no contrato de trabalho, sendo aconselhável que seja adotada alguma forma de registro consignando o horário praticado. Se houver horas extras, essa condição não deve extrapolar a prorrogação de, no máximo 2 horas diárias. O fato de o empregado dormir no emprego não implica necessariamente trabalho extraordinário. Se houver a solicitação de serviços serão devidos os respectivos adicionais (horas extraordinárias e/ou noturnas).

Poderá ser instituído regime de compensação de horas, ou seja, o excesso de horas de um dia, compensado em outro, mediante acordo escrito entre empregador e empregado. No regime de compensação será devido o pagamento, como extraordinárias, das primeiras 40 (quarenta) horas mensais excedentes ao horário normal de trabalho, podendo ser deduzidas as horas não trabalhadas e as faltas injustificadas.

O saldo de horas que excederem as 40 (quarenta) primeiras horas mensais será compensado no período máximo de 1 (um) ano. Na hipótese de rescisão do contrato de trabalho sem que tenha havido a compensação integral da jornada extraordinária, na forma do § 5°, o empregado fará jus ao pagamento das horas extras não compensadas, calculadas sobre o valor da remuneração na data de rescisão.

Os intervalos previstos, os RSR e as horas não trabalhadas em que o empregado que mora no local de trabalho nele permaneça não serão computados como horário de trabalho.

Considera-se trabalho em regime de tempo parcial aquele cuja duração não exceda 25 (vinte e cinco) horas semanais e o salário a ser pago ao empregado será proporcional a sua jornada.

É proibido ao empregador doméstico efetuar descontos no salário do empregado por fornecimento de alimentação, vestuário, higiene ou moradia. Poderão ser descontadas as despesas com moradia quando esta se referir a local diverso da residência em que ocorrer a prestação de serviço, desde que essa possibilidade tenha sido expressamente acordada entre as partes. Essas não têm natureza salarial nem se incorporam à remuneração para quaisquer efeitos.

Com relação à contribuição sindical instituída pela nova Lei, ainda não está devidamente regulamentada.

25.1. Diaristas

O prestador de serviço de natureza não contínua, em regime de autonomia, que trabalha até duas vezes por semana, e recebe pagamento diário (diarista, faxineiro, lavadeira, jardineiro), não possui vínculo empregatício.

Com base nessa interpretação, o diarista que presta serviço numa residência apenas em alguns dias da semana, sem continuidade e subordinação, não se enquadra no critério do trabalho de natureza contínua. Os Juízes do Trabalho têm considerado que a prestação de serviço em um ou dois dias exclui o critério de continuidade, enquanto os que trabalham três ou mais de três dias costumam tê-la reconhecida. O pagamento do diarista deverá ser feito, preferencialmente, no término diário de cada serviço prestado, pois o diarista poderá, ao final da jornada, decidir não mais prestar serviço a seu contratante, sem ter qualquer obrigação formal de avisar previamente sua saída ou de cumprir aviso-prévio.

O diarista é considerado contribuinte individual perante a Previdência Social, e sua contribuição será de 11% (PSP) ou 20%, dependendo do valor que receber, e o recolhimento será de sua própria responsabilidade.

Quando o diarista trabalha numa residência duas vezes por semana, para evitar vínculo empregatício convém:

- verificar se presta serviços em outros locais;
- pagar por dia trabalhado;
- na medida do possível, alternar os dias de trabalho.

26. Sentenças Trabalhistas

26.1. Sentença líquida

Diz-se que a sentença é líquida quando fixa o valor devido ao exequente, dependendo a execução apenas da atualização, com aplicação da correção monetária e juros de mora.

26.2. Sentença ilíquida

A sentença é ilíquida quando não determina ou individualiza os valores da condenação. A maioria das sentenças, na Justiça do Trabalho, é prolatada de forma ilíquida;

Cálculos Trabalhistas

nelas o magistrado fixa os tipos de verbas devidas, as normas gerais e os procedimentos para elaboração de cálculos. A liquidação de sentença poderá acontecer de várias maneiras.

Algumas sentenças têm valores arbitrados pelo juiz, ou convencionados pelas partes, não havendo necessidade de buscar elementos fora dos autos do processo.

Algumas se dão por artigos. Nesse caso, a existência do direito é reconhecida, mas, para estabelecer o valor da condenação, é necessário buscar ou provar fatos novos através de exames e vistoria de documentos, colhendo e abstraindo elementos que possibilitem a apuração, através de informações que não constam dos autos, a fim de se dar a liquidação da sentença.

Entretanto, a forma mais usual de sentença é aquela cuja liquidação se dá por cálculos, os quais determinam os valores exatos da condenação, podendo ser apresentados pelas partes ou por peritos contábeis nomeados pelo juiz.

A liquidação da sentença precede a fase da execução, e esta terá início logo após ser fixado o valor da condenação.

26.3. Liquidação de sentença por cálculo

Pode-se dizer que é através da liquidação da sentença, mediante a utilização dos cálculos de liquidação, que o valor da condenação é estabelecido. A liquidação deverá restringir-se ao julgado com a máxima fidelidade e, sobretudo, ética do profissional. Segundo Antônio Gomes das Neves, "O calculista não pode inovar a sentença. Deve, portanto, ater-se à coisa julgada" (2000, p. 79), esclarecendo sobre a importância de seguir exatamente o que foi determinado na sentença.

Para a feitura dos cálculos de liquidação, além de se ater às parcelas deferidas em Sentença e/ou Acórdão Judicial (Tribunais Superiores), o perito deverá obedecer a determinados procedimentos para alcançar êxito na sua tarefa. Inicialmente, deverá localizar as datas de início e fim do período contratual e da prescrição, se houver. Dos valores envolvidos na condenação, quase sempre encontrados na petição inicial, ou em documentos juntados no processo, ou estarem determinados no *decisum* da sentença. Outros itens fundamentais consistem em definir as verbas salariais que servirão de base para os cálculos; a quantidade de horas extras; a jornada de trabalho; o período da condenação (delimitar datas de referência para cada verba salarial), além de selecionar documentos, tabelas e calendários das respectivas épocas. Ver, no Anexo B, exemplos de cálculos de liquidação.

27. Marco Prescricional dos Cálculos

Ao elaborar os cálculos trabalhistas, é importante observar a data da prescrição dos cálculos informada na sentença, pois, quando reconhecida a prescrição, é a partir da data indicada que, efetivamente, se devem iniciar os cálculos, uma vez que, no período antecedente, houve perda do direito de ação.

Existem dois tipos de prescrição: a parcial e a total. A total é quando o autor ingressa em juízo dois anos após a extinção do vínculo empregatício, perdendo integralmente o direito de demandar perante a Justiça do Trabalho. A prescrição parcial preserva os direitos relativos aos últimos cinco anos do contrato de trabalho, de sorte que apenas as parcelas exigíveis antes da data da prescrição serão excluídas dos cálculos.

A delimitação para a exigibilidade de cada parcela trabalhista se dará a partir de quando nasce a obrigação até a data prevista para o respectivo pagamento.

Uma ação ajuizada em 15/07/2010 com prescrição quinquenal em 15/07/2005, faz com que todos os direitos anteriores a essa data estejam prescritos. No entanto, as verbas salariais de 01 a 14/07/2005, que deveriam ter sido pagas no início do mês subsequente (em 05/08/2005), não são atingidas pela prescrição e deverão ser pagas integralmente.

Seguindo a mesma linha de raciocínio, o décimo terceiro salário relativo ao ano de 2005, que seria pago em dezembro daquele ano, será devido integralmente. Quanto às férias, somente estarão prescritas aquelas em que o período concessivo tenha se esgotado antes da data da prescrição.

28. Atualização de Débitos Trabalhistas

As verbas decorrentes da condenação são constituídas pelo valor principal e pelo FGTS, além das contribuições previdenciárias, imposto de renda, honorários e despesas processuais. O crédito principal e o FGTS correspondem às verbas deferidas ao reclamante. Após a apuração das mesmas, os valores encontrados deverão ser devidamente atualizados, a fim de ressarcirem as perdas sofridas pelo empregado que não recebeu o pagamento na época devida. A atualização dos débitos trabalhistas envolve, além da correção monetária, também a aplicação de juros.

Os juros de mora e a correção monetária incluem-se na liquidação, ainda que estejam omissos no pedido inicial ou não expressos na condenação (Súmula 211/TST).

28.1. Correção monetária

A incidência da correção monetária nos débitos trabalhistas foi introduzida pelo Decreto-Lei nº 75/66 e atualmente é regida pelo art. 39 da Lei 8.177/91. A correção monetária tem como finalidade a proteção dos valores contra o processo inflacionário, devolvendo à moeda o poder aquisitivo que tinha na época do pagamento não efetuado. Contudo, nos últimos tempos, existem meses em que a correção tem sido zero em consequência dos períodos em que os valores da Taxa SELIC ficam em patamares inferiores a 0,5%, o que equivaleria à TR negativa.

A correção monetária deve incidir a partir do vencimento da obrigação, ou seja, a partir do momento em que o direito se tornaria exigível. Porém, muita controvérsia foi levantada a respeito da época do vencimento da obrigação quanto às verbas salariais, já que a data dos direitos rescisórios é, definitivamente, a da rescisão.

Com amparo na faculdade concedida ao empregador pelo art. 459 da CLT, que possibilita o pagamento dos salários até o 5° dia útil do mês subsequente ao vencido, as verbas salariais somente se tornariam devidas a partir do mês subsequente ao da prestação de serviços; portanto, a época própria para incidir correção seria o primeiro dia útil do mês posterior ao da prestação de serviço.

Entretanto, uma corrente jurisprudencial discorda desse entendimento, defendendo a aplicação da correção a partir do mês da efetiva prestação de serviços, o mês em que foi gerado o direito material, principalmente nos casos em que os salários eram percebidos dentro do próprio mês.

Para pacificar essas divergências, em novembro de 2002 foi aprovada a revisão da Súmula 13, sendo editada a Súmula 21 do TRT - 4ª Região, com a seguinte redação:

"Atualização monetária. Débitos trabalhistas. Revisão da Súmula 13. Os débitos trabalhistas sofrem atualização monetária pró-rata die a partir do dia imediatamente posterior à data de seu vencimento, considerando-se esta a prevista em norma legal ou, quando mais benéfica ao empregado, a fixada em cláusula contratual, ainda que tácita, ou norma coletiva."

Bem mais abrangente que a antecessora, a súmula supracitada enseja o entendimento de que o vencimento da obrigação deverá ser sempre no primeiro dia útil posterior à data em que habitualmente era ou deveria ter sido efetivado o pagamento, seja no mês de competência, seja no mês subsequente. Outrossim, deve-se levar em conta a data do pagamento que está prevista em lei, a norma coletiva, ou o contrato (tácito ou escrito). Consequentemente, o Fator de Atualização a ser aplicado deverá ser o do dia seguinte à data da exigibilidade do direito.

O sistema de correção monetária, na justiça trabalhista, passou por diversas alterações desde que foi introduzido. Na época de grande inflação, a fim de não deteriorarem o valor aquisitivo da moeda, os indexadores eram continuamente alterados.

O último indexador adotado foi a TR (Taxa Referencial), prefixada em 1991 (Lei 8.177/91), modificada pela alteração da moeda em 1994 e atualmente ainda em vigor. São índices mensais divulgados pelo Banco Central, que representam um percentual prefixado da correção monetária estimada para o período, com base na taxa inflacionária verificada no período imediatamente anterior.

Os índices de débitos trabalhistas correspondem a estes valores estabelecidos pelo governo, de forma que o índice para o dia 1º de setembro, por exemplo, com base no valor da TR fixada em 1º de agosto, reflita a correção do mês de agosto.

Sempre que for necessário corrigir valores de várias épocas, é aconselhável utilizar as tabelas de correção monetária trabalhistas, confeccionadas mensalmente pelo Conselho Superior da Justiça do Trabalho - CSJT - e pelos Tribunais Regionais do Trabalho. Elas englobam, em um só índice, todas as variações de correção monetária trabalhista adotadas ao longo do tempo, inclusive as variações da moeda, facilitando muito o trabalho do executor dos cálculos. Sem a utilização dessas tabelas, seria uma tarefa árdua, que exigiria milhares de cálculos, corrigir valores de condenações que concedam diferenças salariais durante vários anos, uma vez que devem obedecer a diversas formas de correção e alterações de moeda.

As tabelas de atualização de débitos trabalhistas contemplam cumulativamente a variação das ORTNs, OTNs,

Poupança e TRs, e traduzem a inflação projetada para o período vindouro, constituindo índices mensais ou diários. nos termos da legislação aplicável (Lei 6.423/77, Lei 6.899/81, Decreto 2.322/87, Lei 7.738/89, Lei 8.177/91, Lei 8.660/93 e Lei 8.880/94, Resolução BACEN 2.097/94, Lei 9.069/95 e, finalmente, Lei 10.192/01), nos respectivos períodos, conforme especificado a seguir:

- de janeiro/85 a fevereiro/86 ......índices ORTN;
- de março/86 a janeiro/89 ....índices OTN;
- de fevereiro/89 a janeiro/91.......índices de Poupança;
- a partir de fevereiro/91.............. índices TR.
- a partir de julho/93................... índices TR (mensal).

Em novembro de 2005, visando à padronização dos critérios adotados pelos vários Tribunais Regionais para a correção de valores, o Conselho Superior da Justiça do Trabalho aprovou a Tabela Única para Atualização de Débitos Trabalhistas, com vigência a partir de novembro/05 (Resolução nº 08/2005), em substituição a todas as demais tabelas publicadas pelos Tribunais Regionais do Trabalho. A Tabela Única pode ser obtida através dos *sites* do Conselho Superior da Justiça do Trabalho, Tribunal Superior do Trabalho e Tribunais Regionais.

28.2. Tabela única para atualização e conversão de débitos trabalhistas

O Conselho Superior da Justiça do Trabalho, através da Resolução nº 008/2005, estabeleceu uma Tabela Única de Índices a ser adotada em toda a jurisdição trabalhista do Brasil, para a correção dos débitos trabalhistas. A mesma disponibiliza coeficientes mensais e diários, ou seja, os índices mensais são desdobrados em diários dentro do mês correspondente.

A tabela única tem formatação diferente, mas, de acordo com a legislação, é baseada na TR divulgada pelo Banco Central, sendo prefixada do dia 1º até o último dia do mês. A "prorratização" diária se dá a partir de fevereiro de 1991, sendo acumulada até o último dia da vigência da tabela. Os critérios para os novos coeficientes observam a trimestralidade dos índices de atualização até dezembro de 1985 e "mensalizam" a correção entre março/86 e fevereiro/87. Como são critérios tecnicamente consistentes, não apresentaram alteração no percentual de correção total em relação aos índices de atualização de débitos trabalhistas anteriores, e sua incorporação não ofereceu maiores problemas.

A atualização mensal da Tabela Única aprovada pelo CSJT está sob a responsabilidade da Assessoria Econômica do TST, e a divulgação ocorrerá no terceiro dia útil de cada mês, no *site* do Tribunal Superior do Trabalho <www.tst. gov.br>, no *site* do Conselho Superior da Justiça do Trabalho <www.CSJT.gov.br>, ou ainda nos *sites* dos Tribunais Regionais.

28.2.1. Forma de proceder à atualização pelos índices da Tabela Única

Fatores Mensais:
Atualizar R$ 10.000,00 devidos em 07/2005 até 05/2006
(31/05/2006 ou para 01/06/2006):
Fator acumulado correspondente a 07/2005,
encontrado na tabela vigente em 05/2006 - 1,023078626
R$ 10.000,00 x 1,023078626 = R$ 10.230,79

Fatores Diários:
Atualizar R$ 1.000,00 devidos em 05/07/2005 até 15/05/2006:
Coeficientes da última tabela atualizada, referente a maio/2006
Fator em   05/07/2005 = 1,022702828
Fator para 15/05/2006 = 1,001029377
R$ 1.000,00* ÷ 1,001029377 x 1,022702828 = R$ 1.021,65

* Divide o valor pelo índice correspondente à data para a qual se quer atualizar e multiplica o resultado pelo índice da data originária do valor devido.

28.3. Tabela de fatores de atualização e conversão de débitos trabalhistas utilizada pelo TRT da 4ª Região

Até outubro de 2005, o TRT da 4ª Região confeccionava uma tabela com índices diários denominada FADT (Fator de Atualização de Débitos Trabalhistas).

Acompanhando a Tabela Única de 2005 e observando os mesmos índices constantes da mesma, o TRT da 4ª Região passou a confeccionar uma nova tabela com índices diários, adotando a denominação FACDT – Fator de Atualização e Conversão de Débitos Trabalhistas –, em substituição ao FADT, anteriormente utilizado.

Os índices da Tabela de Fatores de Atualização e Conversão de Débitos Trabalhistas – FACDT – têm início em outubro de 1966 e incorporam as variações dos índices da Tabela Única. Sua divulgação também se dá no terceiro dia útil do mês, no *site* <www.trt4.gov.br>.

Os cálculos que ainda estiverem em FADT deverão ser convertidos em moeda da respectiva data, para então empregar a tabela FACDT, pois esta não é continuação daquela.

Para corrigir valores utilizando a tabela FACDT, divide-se o valor do débito pelo fator diário na data de origem e multiplica-se o resultado pelo fator da data para a qual se quer atualizar. Essa tabela não inclui juros de mora, que devem ser computados sobre o principal corrigido.

Forma de proceder à atualização pelos índices do FACDT
Atualizar R$ 1.000,00 devidos em 05/07/2005 até 15/05/2006:
Valor FACDT (05/07/2005) = 869,178818
Valor FACDT (15/05/2006) = 888,030166
R$ 1.000,00* ÷ 869,178818 x 888,030166 = R$ 1.021,68

* Ao contrário do procedimento adotado para a atualização com a Tabela Única, na atualização pelo FACDT o valor devido é dividido pelo índice correspondente à data originária, e o resultado é multiplicado pelo índice da data para a qual se quer atualizar.

Cálculos Trabalhistas

Exemplo de conversão de FADT para FACDT

Atualizar 500 FADTs devidos em 05/07/2005 até 15/04/2005:

• Valor do FADT (05/07/2005) = 18,780398 x 500 = R$ 9.390,20

R$ 9.390,20 ÷ 869,178818 (valor do FACDT 05/07/2005) = 10,80353065 x 886,966098 (valor do FACDT 15/04/2006) = R$ 9.582,37

Exemplos das Tabelas Utilizadas para Atualização de Débitos Trabalhistas com Índices Mensais e Diários – Anexo C.

28.4. Juros de mora

Os juros de mora, caracterizados como penalidade pelo não pagamento da obrigação na época devida, devem ser calculados sobre as verbas devidas ao reclamante, denominadas de principal, já corrigidas monetariamente, após ter sido deduzido o valor relativo à contribuição previdenciária ao cargo do exequente (ver Súmula 52 TRT4).

Na forma do art. 883 da CLT, os juros começam a incidir a partir da data do ajuizamento ou propositura da ação. Como nem sempre o período sobre o qual incidem consta de meses por inteiro, os juros devem ser calculados proporcionalmente aos dias do mês incompleto.

Os juros também vêm obedecendo a diversos critérios para incidência, ao longo do tempo, de acordo com a seguinte determinação legal:

- 0,50% ao mês, simples, do ajuizamento até fevereiro de 1987 (Código Civil);
- 1,00% ao mês, capitalizado, de março/87 a fevereiro/91 (Decreto-Lei 2.322/87);
- 1,00% ao mês, simples, *pro rata die* a partir de março/91 (Lei 8.177/91).

Como nem sempre o período sobre o qual incidem os juros é composto de meses por inteiro, eles devem ser calculados proporcionalmente aos dias do mês incompleto (1/30 = 0,0333% ao dia).

Havendo períodos com juros diferentes, somam-se os percentuais apurados em cada período, e o total é aplicado sobre o valor corrigido, sendo vedada a aplicação cumulativa para não ocorrer anatocismo (juro sobre juro). Por esse motivo é que nos cálculos trabalhistas o principal e os juros deverão estar sempre contabilizados em separado.

Nas hipóteses de falência, os juros incidem geralmente até a data da decretação da falência, conforme art. 124 da Lei 10.101/05 (art. 26 do Dec. 7.661/45).

Nas hipóteses de falência, os juros incidem geralmente até a data da decretação da falência, conforme art. 124 da Lei 10.101/05 (art. 26 do Dec. 7661/45).

Nas condenações impostas à Fazenda Pública, a Lei nº 12.703/2012 publicada em 08/08/2012, modificou a incidência de juros que era 0,5% ao mês fixos. A partir de então, nos meses em que as metas para a inflação divulgadas pelo Banco Central for igual ou inferior a 8,5%, o percentual de juros deixa de ser fixo, passando a ser determinado pelo resultado proveniente de 70% (setenta por cento) da meta da Taxa Selic ao ano, mensalizada, vigente na data de início do período de rendimento. E quando superior a este patamar, a taxa continua limitada a meio por cento (0,5%) ao mês.

> "Lei nº 12.703/2012 deu nova redação ao art. 12, da Lei nº 8.177/91;
> Art. 1º O art. 12 da Lei nº 8.177, de 1º de março de 1991, passa a vigorar com a seguinte redação:
> 'Art. 12...
> II – como remuneração adicional, por juros de:
> a) 0,5% (cinco décimos por cento) ao mês, enquanto a meta da taxa Selic ao ano, definida pelo Banco Central do Brasil, for superior a 8,5% (oito inteiros e cinco décimos por cento); ou
> b) 70% (setenta por cento) da meta da taxa Selic ao ano, definida pelo Banco Central do Brasil, mensalizada, vigente na data de início do período de rendimento, nos demais casos'."

28.4.1. Formas de cálculos

$$\text{Taxa de Juros} = \begin{pmatrix} n^{\underline{o}} \text{ de meses} \\ \text{a partir do} \\ \text{ajuizamento} \end{pmatrix} + \begin{pmatrix} \text{fração} \\ \text{proporcional} \\ \text{ao } n^{\underline{o}} \text{ de dias} \end{pmatrix}$$

Por exemplo, juros que incidem em uma ação ajuizada há 10 meses e 12 dias:
10 meses = 10%
12 dias = 0,40 % (1% ÷ 30 dias = 0,033 x 12 dias)
Taxa de Juros = 10% + 0,40% = 10,40%

$$\text{Valor Atualizado} = \begin{pmatrix} \text{Valor} \\ \text{Principal} \\ \text{Corrigido} \end{pmatrix} \times \begin{pmatrix} \text{Taxa} \\ \text{Percentual} \\ \text{de Juros} \end{pmatrix}$$

29. O FGTS nas Ações Trabalhistas

Os percentuais de incidência relativos aos valores de FGTS executados judicialmente permanecem nos patamares de 8% sobre os valores das parcelas condenatórias e de 40% para a multa rescisória, anteriores à Lei Complementar 110/01, já que o acréscimo nela referido não seria vinculado à conta do trabalhador.

Os créditos referentes ao FGTS, decorrentes de condenação judicial, serão corrigidos pelos mesmos índices aplicáveis aos débitos trabalhistas, aplicando-se inclusive os juros de mora separadamente.

Os índices utilizados pela Caixa Econômica Federal para a correção dos depósitos de FGTS (tabela JAM) já foram utilizados pela Justiça do Trabalho para a atualização dos valores de FGTS deferidos em sentença. Esses índices, porém, só prevalecem para processos em que a sentença determine expressamente a correção pelo JAM. Os índices da tabela JAM computam juros de 3% ao ano e correção pela TR do dia 10 ao dia 9 do mês subsequente.

A prescrição do direito de reclamar o não recolhimento do FGTS é trintenária, observando o prazo de 02 anos após o término do contrato (Súmula/TST n° 362).

Os valores de FGTS incidem sobre 13° salário, aviso-prévio, saldo salarial, salário do mês anterior e quaisquer outras verbas de natureza salarial, inclusive as eventuais (horas extras, adicionais, gratificações). Os créditos de FGTS não sofrem dedução previdenciária nem fiscal.

Uma forma prática de encontrar o valor da multa rescisória, mais o valor correspondente aos 8% sobre a folha mensal, quando não foram depositados durante o contrato de trabalho, é aplicar sobre o montante o índice de 11,20%, o qual engloba os dois percentuais de 8% e 40% respectivamente (40% de 8%).

Exemplo:

Salário R$ 500,00 x 4 meses = R$ 2.000,00
FGTS devido durante o contrato de trabalho + Multa Rescisória = R$ 2.000,00 x 11,20% = R$ 224,00

30. Contribuições Fiscais e Previdenciárias nas Ações Trabalhistas

1. O § 3° do art. 114 da Constituição Federal, na redação dada pelo art. 1° da Emenda Constitucional n° 20, de 1998, atribui competência à Justiça do Trabalho para executar, de ofício, as contribuições sociais previstas no art. 195, I, a, e II, da Constituição Federal, e seus acréscimos legais, decorrentes das sentenças que proferir.

2. A Lei n° 10.035, de 25.10.2000, alterou a CLT, para estabelecer os procedimentos, no âmbito da Justiça do Trabalho, de execução das contribuições devidas à Previdência Social.

Súmula n° 368 do TST - Descontos previdenciários e fiscais. Competência. Responsabilidade pelo pagamento. Forma de cálculo. (conversão das Orientações Jurisprudenciais nos 32, 141 e 228 da SDI-1) Alterada pela Res. 138/2005, DJ 23.11.2005.

I. A Justiça do Trabalho é competente para determinar o recolhimento das contribuições fiscais. A competência da Justiça do Trabalho, quanto à execução das contribuições previdenciárias, limita-se às sentenças condenatórias em pecúnia que proferir e aos valores, objeto de acordo homologado, que integrem o salário-de-contribuição. (ex-OJ n° 141 – Inserida em 27.11.1998)

II. É do empregador a responsabilidade pelo recolhimento das contribuições previdenciárias e fiscais, resultante de crédito do empregado oriundo de condenação judicial, devendo incidir, em relação aos descontos fiscais, sobre o valor total da condenação, referente às parcelas tributáveis, calculado ao final, nos termos da Lei n° 8.541/1992, art. 46 e Provimento da CGJT n° 03/2005. (ex-OJ n° 32 – Inserida em 14.03.1994 e OJ n° 228 – Inserida em 20.06.2001)

III. Em se tratando de descontos previdenciários, o critério de apuração encontra-se disciplinado no art. 276, §4°, do Decreto n° 3.048/99 que regulamentou a Lei n° 8.212/91 e determina que a contribuição do empregado, no caso de ações trabalhistas, seja calculada mês a mês, aplicando-se as alíquotas previstas no art. 198, observado o limite máximo do salário-de-contribuição. (ex-OJ n° 32 – Inserida em 14.03.1994 e OJ 228 – Inserida em 20.06.2001)

30.1. Contribuições previdenciárias

É competência da Justiça do Trabalho executar parcelas devidas à Previdência Social sobre os valores pagos em decorrência de sentenças ou acordos firmados nos autos de processo (art. 114, VIII, da CF/88).

A Lei 8.620/93 dispõe que, nas ações trabalhistas que resultarem no pagamento de direitos sujeitos à incidência de contribuição previdenciária, o juiz, sob pena de responsabilidade, determinará o imediato recolhimento das importâncias devidas à Seguridade Social.

A Lei 10.035, de 25.10.00, veio alterar a CLT no que concerne aos procedimentos, no âmbito da Justiça do Trabalho, sobre a execução das contribuições à Previdência Social. A partir dessa lei, a Justiça do Trabalho deve executar os débitos devidos à Previdência, quer pertençam eles ao empregado, quer ao empregador.

Os cálculos previdenciários incidirão somente sobre os valores relativos a verbas de natureza salarial, não incidindo sobre as de natureza indenizatória nem sobre os juros e as multas (ver indicação de incidências na tabela do anexo A).

O prazo para recolhimento será o mesmo em que devem ser pagos os créditos encontrados em liquidação de sentença ou em acordo homologado. Fica facultado ao devedor, conforme o art. 878 da supracitada lei, o pagamento imediato do valor que ele entende dever à previdência, sem prejuízo da cobrança de eventuais diferenças encontradas na execução.

Quando o pagamento do acordo for feito parceladamente, a parcela da contribuição previdenciária também poderá ser proporcional ao valor pago, e o prazo para recolhimento será o mesmo em que devam ser pagos os créditos do acordo. Sempre que o vencimento cair em data em que não haja expediente bancário, o prazo será prorrogado para o primeiro dia útil seguinte.

A Instrução Normativa MPS/SRP nº 3, de 14 de julho de 2005, capítulo VII, regulamenta as contribuições previdenciárias nas reclamatórias trabalhistas.

Cálculos Trabalhistas

30.1.1. Atualização das contribuições previdenciárias

As contribuições do empregado são calculadas mês a mês, aplicando-se as alíquotas vigentes e observando o limite máximo do salário de contribuição da época, para então, os valores apurados serem corrigidos pelos mesmos índices dos créditos   trabalhistas até seu vencimento, que coincide com o prazo para pagamento dos demais valores devidos.

A partir da promulgação da Lei 11.941, de 27 de maio de 2009, o fato gerador das contribuições previdenciárias passou a ser a data da prestação do serviço, impactando significativamente os valores das contribuições previdenciárias recolhidas em atraso nas reclamatórias trabalhistas.

O art. 26 da Lei 11.941/2009 modifica o art. 43 da Lei 8.212/91 com a seguinte redação:

"§ 1º Nas sentenças judiciais ou nos acordos homologados em que não figurarem, discriminadamente, as parcelas legais relativas às contribuições sociais, estas incidirão sobre o valor total apurado em liquidação de sentença ou sobre o valor do acordo homologado.

§ 2º Considera-se ocorrido o fato gerador das contribuições sociais na data da prestação do serviço.

§ 3º As contribuições sociais serão apuradas mês a mês, com referência ao período da prestação de serviços, mediante a aplicação de alíquotas, limites máximos do salário-de-contribuição e acréscimos legais moratórios vigentes relativamente a cada uma das competências abrangidas, devendo o recolhimento ser efetuado no mesmo prazo em que devam ser pagos os créditos encontrados em liquidação de sentença ou em acordo homologado, sendo que nesse último caso o recolhimento será feito em tantas parcelas quantas as previstas no acordo, nas mesmas datas em que sejam exigíveis e proporcionalmente a cada uma delas.

§ 4º Na hipótese de acordo celebrado depois de ter sido proferida decisão de mérito, a contribuição será calculada com base no valor do acordo."

Pelas novas regras consubstanciadas, a forma do cálculo continua a mesma, exceto pela atualização, que ao invés da correção monetária trabalhista a partir do vencimento do prazo, os valores históricos ficam sujeitos aos juros equivalentes à Taxa Referencial do Sistema Especial de Liquidação e de Custódia – Taxa SELIC –, aplicados a partir da época da prestação do serviço, na forma do art. 61 da Lei 9.430/96, resultando num importante acréscimo nos valores devidos, podendo superar, em algumas ações, ao próprio crédito direcionado ao reclamante. Em decorrência dos valores, por vezes desproporcionais, na prática, muitos continuam considerando a data do vencimento da dívida trabalhista para aplicar os acréscimos moratórios mencionados.

O art. 61 da Lei 9.430/96:

"Os débitos para com a União, decorrentes de tributos e contribuições administrados pela Secretaria da Receita Federal, cujos fatos geradores ocorrerem a partir de 1º de janeiro de 1997, não pagos nos prazos previstos na legislação específica, serão acrescidos de multa de mora, calculada à taxa de trinta e três centésimos por cento, por dia de atraso.

§ 1º A multa de que trata este artigo será calculada a partir do primeiro dia subseqüente ao do vencimento do prazo previsto para o pagamento do tributo ou da contribuição até o dia em que ocorrer o seu pagamento.

§ 2º O percentual de multa a ser aplicado fica limitado a vinte por cento.

§ 3º Sobre os débitos a que se refere este artigo incidirão juros de mora calculados à taxa a que se refere o § 3º do art. 5º da Lei nº 9.716, de 1998, a partir do primeiro dia do mês subseqüente ao vencimento do prazo até o mês anterior ao do pagamento e de um por cento no mês de pagamento.

Para proceder ao cálculo dos juros nas contribuições em atraso existe uma tabela prática com os coeficientes disponibilizada nos *sites*: <www.mpas.gov.br/arquivos/office/3_081217> ou <www.receita.fazenda.gov.br>."

30.1.2. Contribuição previdenciária do empregado

Deverá ser apurada mês a mês, sobre os valores históricos da condenação, devendo ser observadas as parcelas incidentes, as alíquotas previstas e o teto máximo do salário de contribuição, conforme as tabelas vigentes nas respectivas épocas. Em seguida, serão deduzidos os valores recolhidos nos períodos correspondentes, se houver sido comprovado seu recolhimento pelo executado, e o restante ainda devido será atualizado, acrescido de multa e juros legais e descontado dos créditos do empregado.

Para relacionar a competência das contribuições previdenciárias, mês a mês, quando não constar nos cálculos de liquidação ou nos termos do acordo, deverá ser rateado o valor das parcelas remuneratórias (base de cálculo) pelo número de meses do período da prestação de serviços, gerador da remuneração, que tenha sido reconhecido em sentença, acordo, ou indicado pelo reclamante na inicial.

Exemplo de cálculo da contribuição previdenciária do reclamante:

a	b	c	d	e	f	g	h	i
Data	Salário recebido pelo rcte.	Valor condenação	Novo salário de contribuição (b + c)	Contr. previd. aplicando a tabela da época	Contr. já recolhida	INSS devido (e - .f)	Juros (Selic)	Multa 20%
09/2004	750,00	350,00	1.100,00	99,00	60,00	39,00	25,76	7,80
10/2004	900,00	350,00	1.250,00	112,50	81,00	31,50	20,42	6,30
11/2004	1.600,00	350,00	950,00	214,50	176,00	8,50	5,38	1,70
12/2004	2.600,00	200,00	2.800,00	275,96 (teto)	275,96	–	–	–
INSS reclamante, atualizada até 08/2009						79,00	51,56	15,80

TOTAL INSS do reclamante atualizado até 08/2009
(INSS: 79,00 + Juros selic: 51,56 + Multa 20%: 15,80) = 146,36

30.1.3. Contribuição do prestador de serviços sem reconhecimento de vínculo empregatício

Os prestadores de serviço cujo vínculo de trabalho não tenha sido reconhecido são considerados contribuintes individuais, para efeito de enquadramento na previdência. O valor das contribuições previdenciárias, quando envolve esse tipo de condenação, é determinado pelas alíquotas relacionadas na tabela a seguir, especificadas de acordo com o perfil dos contribuintes.

Empregador	Alíquota devida		Total do percentual incidente sobre o valor quitado em reclamatória trabalhista
Empresas em geral	Reclamado	20% sobre o valor pago	20% sobre o valor pago + 11%, limitado ao teto máximo de contribuição
	Reclamante	11% sobre o valor pago, observado o limite máximo do salário de contribuição	
Produtor rural pessoa física	Reclamado	20% sobre o valor pago	20% sobre o valor pago + 11%, limitado ao teto máximo de contribuição
	Reclamante	11% sobre o valor pago, observado o limite máximo do salário de contribuição	
Empresa optante pelo simples	Reclamado	0%	11% sobre o valor pago limitado ao teto máximo de contribuição
	Reclamante	11% sobre o valor pago, observado o limite máximo do salário de contribuição	
Entidade beneficente de assistência social isenta das contribuições sociais	Reclamado	Isenta	20% sobre o valor pago, observado o limite máximo do salário de contribuição
	Reclamante	20% sobre o valor pago, observado o limite máximo do salário de contribuição	
Contribuinte individual ou pessoa física	Reclamado	não recolhe	20% ou 11% (PSP) sobre o valor pago, observado o limite máximo do salário de contribuição
	Reclamante	20% ou 11% (PSP) sobre o valor pago, observado o limite máximo do salário de contribuição	

As cooperativas de trabalho são obrigadas a descontar 11% do valor da quota distribuída aos cooperados por serviços por eles prestados, por seu intermédio, a pessoas jurídicas, e 20% pelos serviços prestados a pessoas físicas.

30.1.4. *Contribuição previdenciária do empregador*

A contribuição previdenciária do empregador decorrente de condenação trabalhista recairá sobre as parcelas incidentes devidas ao reclamante com ou sem vínculo empregatício.

O cálculo da contribuição relativa à parte patronal não está sujeito a qualquer limitação, isto é, dentro das parcelas que integram o salário de contribuição não existe teto máximo, e obedece às mesmas regras adotadas para as contribuições do empregador, abordadas anteriormente em "Contribuição Previdenciária Patronal".

As empresas cadastradas no SIMPLES deverão comprovar essa opção no processo, para efeito de isenção da parte patronal. Referente à parte dos empregados, a contribuição será igual ao recolhimento das demais empresas, devendo ser descontada do reclamante.

Em relação às contribuições para outras entidades ou terceiros, o inciso VIII do art. 114 da CF/88, com redação pela Emenda Constitucional nº 45/2004, faz referência à execução das contribuições sociais previstas no artigo 195, incisos I, *a*, e II, do texto constitucional, o qual não abrange a contribuição de terceiros. Da mesma forma, a Lei 8.212/91 não inclui tais contribuições no rol das contribuições sociais definidas no art. 11 e, segundo o art. 94 da mesma lei, cabe ao INSS arrecadar e fiscalizar essa contribuição.

Portanto, falta à Justiça do Trabalho competência para executar essas contribuições.

Se o valor total das contribuições apuradas em reclamatória trabalhista for inferior ao mínimo estabelecido para recolhimento em documento de arrecadação da Previdência Social, este deverá ser recolhido juntamente com as

Cálculos Trabalhistas

109

demais contribuições devidas pelo sujeito passivo no mês de competência, sem prejuízo da conclusão do processo.

A contribuição previdenciária do empregador não paga na época devida é atualizada com as multas e juros legais anteriormente mencionados.

30.2. Incidência do Imposto de Renda nos Débitos Trabalhistas

O Imposto de Renda que incide sobre os rendimentos pagos em cumprimento de decisão judicial será retido na fonte pela pessoa física ou jurídica obrigada ao pagamento, no momento em que, por qualquer forma, o rendimento se torne disponível para o beneficiário e o montante ultrapasse o limite de isenção.

Os descontos fiscais incidem sobre o valor tributável, de acordo com as verbas incidentes, indicadas na tabela do anexo A, monetariamente atualizadas, deduzindo-se as contribuições previdenciárias (Lei 12.350/2010), excluindo-se os juros de mora a elas correspondentes e aplicando-se as alíquotas da tabela vigente no mês do pagamento.

Segundo a OJ 400, das SDI, do TST, os juros de mora decorrentes do inadimplementos de obrigação de pagamento não integram a base de cálculo de imposto de renda, ante a natureza indenizatória conferida pelo art. 404 do CC/02.

Nos acordos homologados, deverá ser indicada a natureza jurídica das parcelas, sob pena de incidir imposto sobre o total da avença e o valor do pagamento, quando parcial, será calculado apenas sobre o valor liberado, considerando a proporção das parcelas passíveis de tributação.

Com relação ao cálculo do IR de valores decorrentes de processos judiciais, a partir da publicação da Lei 12.350, de 20/12/2010, art. 12-A e a Instrução Normativa 1127/11, o montante correspondente aos anos calendários anteriores, devem ser divididos pelo número de meses em que o pagamento deveria ter sido efetuado, e sobre este valor, aplicam-se as alíquotas da tabela progressiva vigente, multiplicando-se o resultado obtido pelo mesmo número de meses. E os créditos referentes a valores do ano em vigência, devem ser calculados em separado.

Segundo a mesma Lei, poderão ser deduzidas do valor tributável as despesas judiciais necessárias ao seu recebimento, inclusive com advogados, se tiverem sido pagas pelo contribuinte; importâncias pagas em dinheiro a título de pensão alimentícia em face das normas do Direito de Família, quando em cumprimento de decisão judicial, de acordo homologado judicialmente ou de separação ou divórcio consensual realizado por escritura pública; e as contribuições para a Previdência Social da União, dos Estados, do Distrito Federal e dos Municípios.

Segundo a Lei 10.833/03, a fonte pagadora tem prazo de 15 dias da data da retenção de que trata o *caput* do art. 46 da Lei 8.541/92 para comprovar nos autos o recolhimento do imposto de renda incidente sobre os rendimentos pagos em cumprimento de decisões da Justiça do Trabalho. A mesma legislação determina à fonte pagadora a obrigação de reter o imposto de renda devido, passando a responder como sujeito passivo da obrigação tributária. A obrigação de calcular, reter e recolher é da reclamada.

Quando não houver comprovação nos autos do pagamento do IRRF e tiver sido feito depósito judicial garantindo o juízo, compete ao juízo calcular e determinar o recolhimento pela instituição financeira depositária do crédito.

O imposto de renda não recolhido no prazo legal deverá ser atualizado com os acréscimos legais previstos na legislação tributária, ou seja, aos juros equivalentes à Taxa Referencial do Sistema Especial de Liquidação e de Custódia – Taxa SELIC –, aplicados aos valores desde o primeiro dia do segundo mês subsequente ao do vencimento do prazo previsto para o pagamento do tributo ou contribuição, até o último dia do mês anterior ao do pagamento, mais 1% no mês que ocorrer o pagamento, e à multa de mora, calculada à taxa de 0,33% por dia de atraso, limitada ao percentual de 20%. A Secretaria da Receita Federal, através do *site*: <www.receita.fazenda.gov.br>, divulga a tabela prática com os coeficientes de juros a ser aplicados sobre os tributos e contribuições federais em atraso.

30.2.1. Cálculo de Imposto de Renda nas ações trabalhistas

Utiliza-se a Tabela Progressiva Mensal (IRRF) vigente no mês em que os rendimentos se tornam disponíveis e calcula-se o número de meses, dos anos calendários anteriores, de acordo com o período do cálculo.

Exemplo prático:

Número de meses 18 + 1 (13º salário)
Divisor = 19 meses
Principal Tributável . . . . R$ 50.000,00
(-)INSS Reclamante . . . . . . R$ 4.000,00
Base IRenda. . . . . R$ 46.000,00

- Divide-se a base obtida pelo número de meses, para encontrar-se a base mensal:
  R$ 46.000,00 / 19 meses
  Base mensal = R$ 2.421,05

- Aplica-se sobre a base mensal a alíquota correspondente ao redutor constante na Tabela Progressiva do IRRF:
  R$ 2.421,05 x 7,5%   = R$ 181,57
  (-)redutor (R$ 128,31) = R$ 53,26

- Multiplica-se o resultado pelo número de meses:
  R$ 53,26 x 19 meses = R$ 1.011,94 (valor IRRF)

30.2.2. Imposto de Renda sobre indenização por danos morais e materiais

A importância paga em decorrência de acordo ou condenação judicial na indenização por danos morais é rendimento tributável, sujeito à incidência de IRRF. Todavia, quando essa indenização for deferida em decorrência de acidente de trabalho, a jurisprudência tem entendido que a mesma não sofre incidência de imposto de renda, tendo em vista que, de acordo com o art. 6º, inciso IV, da Lei 7.713/88, e art. 39, inciso XVII, do Dec. 3.000/99, a indenização por acidente de trabalho constitui rendimento isento, e não tributável.

A indenização por danos materiais visa a repor ou a reparar um bem material até um limite fixado judicialmente; quando o valor da condenação corresponder ao valor do prejuízo sofrido, não haverá tributação, porém, ao que exceder a este valor incidirá imposto de renda. (RIR/1999; IN SRF nº 15, de 2001).

31. Algumas Dicas Práticas para Proceder aos Cálculos Trabalhistas

A primeira providência é consultar a legislação vigente, os contratos e as normas coletivas da categoria que norteiam o contrato de trabalho em questão, além de buscar subsídios na jurisprudência (súmulas, orientações jurisprudenciais, precedentes normativos), do TST e dos TRTs onde tramita a ação, não esquecendo que os cálculos de liquidação devem obedecer ao comando das sentenças e acórdãos judiciais.

É fundamental ter acesso aos documentos, índices, tabelas e calendários das respectivas épocas, assim como definir as verbas salariais (principais e reflexos) que servirão de base para os cálculos; a quantidade de horas extras; a jornada de trabalho; o período da condenação (delimitar datas de referência para cada verba salarial).

Quanto ao período de referência para cálculos de férias, devem ser considerados os meses dentro do período aquisitivo; para cálculos de décimo terceiro salário, leva-se em conta o número de meses do ano civil; e do aviso-prévio, os últimos 12 meses, ou os meses trabalhados se não completado um ano.

Para apuração da maioria das verbas trabalhistas, deve-se partir do salário-hora e, para estabelecer o valor, é preciso conhecer a jornada de trabalho e o salário mensal do empregado.

Quando se tratar de trabalho noturno e diurno, será necessário delimitar exatamente o período do horário noturno, dando às horas noturnas o tratamento pertinente.

Os bancários merecem um tratamento diferenciado pelas peculiaridades existentes nas normas de sua categoria profissional, e a jurisprudência retrata isso nas súmulas atualizadas a esse respeito relacionadas ao final deste livro.

A apresentação dos cálculos trabalhistas ao juízo devem conter duas partes essenciais: a "memória", com os detalhes da apuração das verbas deferidas, que pode ser demonstrada através de planilhas e programas de cálculos disponíveis no mercado, e o "resumo geral", que deve ser padronizado, facilitando as consultas e atualizações pelos interessados e pelos servidores da justiça (modelo de resumo de cálculo no Anexo B).

31.1. Conversão do sistema horário para o sistema decimal

Para a contagem do número (quantidade) de horas quando envolve minutos, é necessário processar a transformação para um número de base decimal, isso porque o sistema sexagesimal utilizado para horas não é compatível com o sistema numérico das calculadoras, não sendo possível, simplesmente, multiplicar 1:30h pelo valor da hora (note-se que a hora é representada diferentemente de um número decimal, o qual, quando não inteiro, é evidenciado com vírgula). Mesmo que se fizesse a operação de 1,30 multiplicado pelo valor da hora, o resultado não corresponderia à hora e meia supra referida. Para que essa correlação se dê de forma correta, aplica-se a seguinte regra de três em relação aos minutos, já que a hora cheia permanece como número inteiro:

60 minutos = 1 hora

30 minutos = X

X = 30min. x 1 ÷ 60 ou 30 ÷ 60 = 0,50

Portanto, 1:30h equivale a 1,50

Tomando como exemplo 7 horas e 20 minutos, tem-se:

7:20h = 7 inteiro e (20min. ÷ 60 = 0,33) = 7,33

A conversão inversa, da base decimal para a sexagesimal, se dá ao contrário:

0,50 x 0,60 = 0:30 min.

Ou: 0,50 x 60 min. ÷ 100 – 0:30 min.

31.2. Exemplo de apuração para contagem de horas extras, inclusive as intrajornadas, considerando uma jornada de 8 horas diárias com uma hora de intervalo

- Entrada - Saída
  07:46h   12:10h
  12:50h   17:48h

- 1º passo: converter os minutos em números decimais:
  Entrada   -   Saída
  46min. ÷ 60min. = 0,76   10min. ÷ 60min. = 0,16
  50min. ÷ 60min. = 0,83   48min. ÷ 60min. = 0,80

- 2º passo: calcular o total de horas trabalhadas
  (em nº decimal), deduzindo a hora da entrada da hora da saída:
  12,16 – 07,76 = 4,40
  17,80 – 12,83 = 4,97
  Total = 9,37 (nº decimal)

- 3º passo: deduzir a jornada diária da trabalhada: 9,37 – 8h = 1,37

- 4º passo: transformar novamente a parte decimal em minutos:
  1,37 (0,37 x 0,60min. = 0,22min.) = 1 hora e 22 min. extras

Observação: Para determinar o valor de horas, quando constituídas de minutos, a multiplicação do valor pelas horas deverá ser feita com o horário transformado em base decimal.

32. Natureza Jurídica das Verbas Remuneratórias

A natureza das verbas remuneratórias muitas vezes dá margem a dúvidas, principalmente quando as parcelas não forem ajustadas contratualmente e quando não houver uniformidade no pagamento pela contraprestação do trabalho, pois algumas não possuem uma base jurídica que defina, com exatidão, a diferença entre as parcelas de natureza salarial e não salarial.

De modo geral, a natureza salarial é determinada pela característica da verba, pela periodicidade e habitualidade no pagamento. As verbas e os suplementos pagos eventualmente não são considerados de natureza salarial, sendo, por isso, discutíveis, dando margem a interpretações divergentes, como abonos, algumas gratificações, bonificações, reembolso de quilometragem, etc.

São consideradas parcelas de natureza salarial:

Salário Base; 13º salário; percentagens e adicionais (hora extra, insalubridade, periculosidade, penosidade, tempo de serviço, de função e noturno); comissões; diárias para viagem (quando exceder a 50% do salário base); gratificações ajustadas ou habituais, ajudas de custo, gorjetas, auxílio alimentação (quando não observada a Lei 6.321/76 – PAT); férias gozadas; verbas de representação e ganhos habituais, como prêmios, participações nos lucros, quebra de caixa, salário família.

Exemplos de verbas não salariais:

Aviso-prévio; FGTS; vale-transporte; pagamentos de caráter indenizatório; abono de férias (sem exceder 20 dias de salário) e férias indenizadas; auxílio alimentação fornecido de acordo com as determinações da Lei 6.321/76 ou quando previsto em Convenção Coletiva; diárias que não excedam a 50% do salário; despesas de viagem (sujeitas a comprovação); bolsa estagiário; reembolso creche; bonificações eventuais; valor correspondente a habitação, veículo, equipamentos e outros acessórios fornecidos pelo empregador, quando utilizados para a realização do trabalho; cobertura médica e odontológica e complementação do auxílio-doença, desde que extensivas a todos os empregados; valores recebidos em decorrência da cessão de direitos autorais ou a projetos educacionais; participação nos lucros e prêmios eventualmente pagos.

33. Sites para Consultas, Atualização de Índices e Informações

www.receita.fazenda.gov.br
www.mpas.gov.br
www.mte.gov.br
www.tst.gov.br
www.caixa.gov.br
www.trt4.gov.br
www.abrh/rs.com.br
www.esocial.gov.br

Conclusão

A elaboração dos cálculos trabalhistas para folhas de pagamento, laudos judiciais ou qualquer outra finalidade é uma tarefa bastante complexa, uma vez que, além da matemática, envolve a legislação vigente e, principalmente, a doutrina de diversas correntes.

Dessa forma, foram selecionadas e analisadas abordagens distintas a respeito do tema, com o intuito de ajudar a elucidar, de forma prática, os pontos referentes às principais verbas e encargos que resultam de uma relação de emprego e provêm de qualquer espécie de contrato de trabalho.

Por último, os exemplos práticos servem como roteiro básico a quem venha a interessar-se pelo tema que, apesar de sua abrangência, é bastante empolgante.

Obras Consultadas

BOLETINS IOB.

CALDIERARO, Ernesto. *Manual Prático da Lei do Trabalho Rural*. 2 ed. Guaíba: Agropecuária, 1994.

CAMPANHOLE, Hilton; CAMPANHOLE, Adriano. *CLT: Consolidação das Leis do Trabalho*. 105. ed. São Paulo: Atlas, 2001.

CONSELHO REGIONAL DE CONTABILIDADE/RS. Rotinas Aplicadas ao Departamento de Pessoal das Empresas. Porto Alegre, 2000.

INSTRUÇÃO NORMATIVA MPS/SRP nº 3 de 14 de julho de 2005.

MANUAL DE CÁLCULOS TRABALHISTAS DO TRT3ª Região.

NEVES, Antônio Gomes. Manual de Cálculo para Liquidação de Sentença Trabalhista. 2 ed. São Paulo: LTr, 2000.

OLIVEIRA, Aristeu de. Cálculos Trabalhistas: Folha de Pagamento, Vale Transporte, Férias, 13º Salário. 9 ed. São Paulo: Atlas, 2000.

———. *Manual de Prática Trabalhista*. 33 ed. São Paulo: Atlas, 2001.

SALEM, Luciano Rossignolli; SALEM, Diná Aparecida Rossignolli. *Cálculos Trabalhistas: Doutrina, Legislação, Jurisprudência e Prática*. Campinas: Agá Juris, 1999.

SANTOS, José Aparecido dos. *Curso de Cálculos de Liquidação Trabalhista*. 2ª ed. Curitiba: Juruá, 2011.

SÚMULAS E ORIENTAÇÕES JURISPRUDENCIAIS DO TRT4ª Região e TST.

SITES CONSULTADOS:

www.receita.fazenda.gov.br

www.mpas.gov.br

www.mte.gov.br

www.tst.gov.br

www.caixa.gov.br

www.trt4.gov.br

www.planalto.gov.br

www.guiatrabalhista.com.br

Anexo A

Tabela de Incidências do INSS, FGTS e IRRF

	INSS	FGTS	IRRF
Abono de qualquer natureza	S	S	S
Abono Salarial	N	N	S
Abono Pecuniário Férias	N	N	N
Adicional Insalubridade	S	S	S
Adicional Periculosidade	S	S	S
Adicional Noturno	S	S	S
Adicional Função	S	S	S
Adicional Tempo de Serviço	S	S	S
Adicional de Transferência	S	S	S
Ajuda de Custo	N	N	N
Auxílio-Doença (15 dias empregador)	S	S	S
Auxílio-Doença (Complementação Salarial)	N	N	S
Auxílio-Acidente	S	S	S
Aviso-Prévio Trabalhado	S	S	S
Aviso-Prévio Indenizado*	S	S	N
Multa Rescisória FGTS	N	N	N
Comissões	S	S	S
Décimo Terceiro, até 30 de novembro	N	S	N
Décimo Terceiro, até 20 de dezembro	S	S	S
Décimo Terceiro na Rescisão*	S	S	S
Diária até 50% do salário	N	N	N
Diária mais de 50% do salário	S	S	N
Estágio	N	N	S
Férias com 1/3 Vigência do Contrato	S	S	S
Férias com 1/3 Indenizadas na Rescisão	N	N	N
Férias Dobradas	N	N	N
Fretes e Carretos pagos à Pessoa Física	S	N	S
Gorjetas	S	S	S
Gratificações ajustadas ou contratuais	S	S	S
Gratificação Quebra de Caixa	S	S	S

Horas Extras	S	S	S
Horas Extras (férias/feriados)	S	S	S
Indenização - Antecipada Contrato por Tempo	N	N	N
Indenização - por Tempo de Serviço	N	N	N
Indenização por Danos Morais**	-	-	S
Indenização por Danos Materiais***	-	-	S
Indenização - Empr. dispensado 30 dias da corr. sal.	N	N	N
Multa art 475-J do CPC	N	N	S
Multa 467 CLT	N	N	S
Multa 477 CLT	N	N	N
Participação de Empregado nos Lucros	N	N	S
Prêmios	S	S	S
Pró-labore (diretores-empregados)	S	S	S
Pró-labore (diretores-proprietários)	S	N	S
Quebra de Caixa	S	S	S
Repouso Semanal Remunerado (RSR)	S	S	S
Reembolso Quilometragem	S	S	S
Salário	S	S	S
Salário-Família	N	N	N
Salário-Maternidade	S	S	S
Salário-Paternidade	S	S	S
Salário in natura	S	S	S
Serviços prestados sem relação de emprego	S	N	S
Salário-Educação	N	N	S
Vale Alimentação	N	N	N
Vale-Transporte	N	N	N
Vestimentas - Uniformes	N	N	N

* O Decreto 3.048/99 em seu artigo 214, § 9º, inciso V, concomitante com a IN 3/2005, estabelecia que não integrava a remuneração para fins de cálculo de INSS, além de outras parcelas, o aviso--prévio indenizado e a parcela do décimo terceiro salário correspondente ao período do aviso-prévio indenizado, paga ou creditada na rescisão do contrato de trabalho. Entretanto, em 13.01.2009 foi publicado o Decreto 6.727/09 revogando a alínea "f" do art. 214, § 9º, a partir do qual, passa a incidir INSS sobre o Aviso Prévio Indenizado. Maiores detalhes, inclusive sobre o reflexo do aviso sobre o 13º salário e sobre as férias, acesse tópico Aviso-Prévio – Cálculo (Sumula 49 TRT4).

** Exceto quando em decorrência de acidente de trabalho.

*** Será tributada apenas a importância que exceder ao valor equivalente ao bem a ser indenizado.

Conforme Solução de divergência 1, de 2009, há entendimento por parte da Secretaria da Receita Federal do Brasil de que não há incidência do imposto de renda, desde que os pagamentos sejam efetuados por ocasião da rescisão do contrato de trabalho, aposentadoria ou exoneração, sobre os seguintes rendimentos:

- férias não gozadas - integrais
  (mais um terço constitucional);
- férias não gozadas - proporcionais
  (mais um terço constitucional);
- férias não gozadas - em dobro
  (mais um terço constitucional);
- abono pecuniário
  (mais um terço constitucional).

Conforme entendimentos da SRF (Parecer PGFN 1.905/2004, ADI RFB 28/2009 e Instrução Normativa 936/2009), também não há incidência de imposto de renda sobre o abono pecuniário e o respectivo 1/3 constitucional pagos na vigência do contrato, assim como sobre férias pagas em dobro, por se tratarem estas de férias indenizadas, já que foram pagas e não gozadas por necessidade de serviço.

Anexo B

Exemplo de Cálculos de Liquidação

Condenação:
- Adicional de Insalubridade Grau Médio (20%);
- Horas Extras (adicional 50%);
- Aviso-prévio indenizado;
- Férias proporcionais;
- 13º Salário proporcional;
- FGTS
- Multa Rescisória de 40%
- Multa art. 477 da CLT

Admissão do Empregado em 26.01.2010
Demissão do Empregado em 30.08.2010 (aviso-prévio indenizado)
Salário-Base: R$ 1.000,00
Jornada de 220 horas
Ajuizamento: 10.09.2010

Atualização pelos índices da Tabela Única vigente em julho 2013
(vide índices coeficientes mensais, Anexo C)
Juros (1% ao mês desde o ajuizamento) =
34 meses e 20 dias = 34,66%

Cálculo do Adicional de Insalubridade

DATA	BASE DE CÁLCULO	INSALUBRIDADE	FATOR ATUALIZAÇÃO	VALOR ATUALIZADO
JAN/10	1.000,00	33,33	1,022216	34,07
FEV/10	1.000,00	200,00	1,022216	204,44
MAR/10	1.000,00	200,00	1,022216	204,44
ABR/10	1.000,00	200,00	1.021407	204,28
MAI/10	1.000,00	200,00	1.021407	204,28
JUN/10	1.000,00	200,00	1,020886	204,18
JUL/10	1.000,00	200,00	1,020886	204,06
AGO/10	1.000,00	200,00	1,019112	203,82
TOTAL				1.463,58

Insalubridade 1.463,58
FGTS 117,09

Cálculos Trabalhistas

Cálculo das Horas Extras

DATA	SAL. BASE + INSALUBRIDADE	HORAS EXTRAS	VALOR DEVIDO	FATOR ATUALIZAÇÃO	VALOR ATUALIZADO
JAN/10	1.200,00	–	–	-	-
FEV/10	1.200,00	20	163,60	1,022216	167,23
MAR/10	1.200,00	25	204,50	1,022216	209,04
ABR/10	1.200,00	20	163,60	1,021407	167,10
MAI/10	1.200,00	30	245,40	1,021407	250,65
JUN/10	1.200,00	25	204,50	1,020886	208,77
JUL/10	1.200,00	35	286,30	1,020285	292,11
AGO/10	1.200,00	25	204,50	1,019112	208,41
TOTAL		180			1.503,32

Horas Extras 1.503,32

FGTS 120,26

Média de Horas extras = 180 ÷ 7 meses x R$ 8,18 (valor h.e.) = R$ 210,31

Cálculo das Verbas Rescisórias

Aviso-Prévio ... 1.410,31 x 1,019112 = 1.437,26

13º Sal. (8/12) .. 940,24 x 1,019112 = 958,20

Férias (8/12). ... 940,24 x 1,019112 = 958,20

1/3 Férias ...... 313,41 x 1,019112 = 319,40

FGTS (s/ aviso-prévio e 13º sal.) .... = 191,64

- A base de valor para aviso-prévio, 13º salário e férias é composta do salário-base, do adicional de insalubridade e da média de horas extras.
- No 13º salário e nas férias foi computado mais 1/12 referente ao aviso-prévio.

Multa do art. 477 da CLT

R$ 1.000,00 x 1,019112 = R$ 1.019,11

Contribuição Previdenciária do Reclamante

Data	Salário recebido	Valor Condenação	Valor INSS *Tabela	Valor Reco-lhido	Diferença INSS	Facdt	INSS devido
Jan/10	166,00	33,33	-				
Fev/10	1.000,00	363,60	122,72	90,00	32,72	1,022216	33,45
Mar/10	1.000,00	404,50	126,40	90,00	36,40	1,022216	37,20
Abr/10	1.000,00	363,60	122,72	90,00	32,72	1,021407	33,42
Mai/10	1.000,00	445,40	130,09	87,50	42,59	1,021407	43,50
Jun/10	1.000,00	404,50	126,40	87,50	38,90	1,020886	39,71
Jul/10	1.000,00	486,30	133,77	87,50	46,27	1,020285	47,21
Ago/10	1.000,00	404,50	126,40	87,50	38,90	1,019112	39,64
13º Sal.		940,24	75,22		75,22	1,019112	76,66
Aviso-Prévio		1.410,31	126,93		126,93	1,019112	129,35
TOTAL		5.256,28					480,14

Na base de cálculo para INSS, em relação ao 13º salário, serão considerados 8/12 correspondente aos 7 meses trabalhados e 1 mês correspondente ao aviso-prévio indenizado.

* Tabelas da época.

Resumo do Cálculo atualizado até 31.07.2013

Principal Tributável . . . . R$ 3.925,10

Juros (34,66%) . . . . R$ 1.360,44

Principal Não Tributável . . . . R$ 3.733,97

Juros . . . . R$ 1.294,19

FGTS + 40% . . . . R$ 600,59

Juros do FGTS . . . . R$ 208,16

Total . . . . R$ 11.122,45

Recolhimentos Previdenciários

Contribuição do Empregado . . . . R$ 480,14

Contribuição Patronal

(alíquota empresa 22%)
(Base de cálculo R$ 5.256,28 x 22%) . . R$ 1.156,38

- O resumo do cálculo apresenta o resultado final do trabalho do calculista, facilitando o manuseio, a consulta rápida e a atualização dos valores pelos interessados. Nele devem constar,

Cálculos Trabalhistas

basicamente, a descrição da dívida trabalhista referente ao principal (destacando o valor tributável de acordo com a tabela de incidência de imposto de renda) e ao FGTS, os respectivos juros e as contribuições previdenciárias.

- Não é mais necessário constar o valor do Imposto de Renda, uma vez que as Varas do Trabalho estão habilitadas a apurá-lo no momento do pagamento, como previsto na legislação tributária, ressalvando que esse entendimento, e qualquer outra variação que possa haver na apresentação do resumo, depende do posicionamento de cada jurisdição. É fundamental, porém, que as verbas salariais sejam separadas em tributáveis e não tributáveis, para que, no momento oportuno, possa ser corretamente calculado o IRRF.

Anexo C

Índices para atualização de débitos trabalhistas
Coeficientes mensais
Tabela vigente em julho de 2013

MÊS/ANO	2010	2011	2012	2013
JAN	1,022216	1,015223	1,003107	1,000209
FEV	1,022216	1,014498	1,002241	1,000209
MAR	1,026616	1,013967	1,002241	1,000209
ABR	1,021407	1,012739	1,001172	1,000209
MAIO	1,021407	1,012366	1,000944	1,000209
JUN	1,020886	1,010779	1,000476	1,000209
JUL	1,020285	1,009654	1,000476	1,000000
AGO	1,019112	1,008415	1,000332	-
SET	1,018187	1,006325	1,000209	-
OUT	1,017472	1,005317	1,000209	-
NOV	1,016992	1,004694	1,000209	-
DEZ	1,016651	1,004047	1,000209	-

- Os índices baseados na TR não apresentam correção nos períodos em que os valores da Taxa SELIC ficam em patamares inferiores a 0,5%, o que equivaleria à TR negativa, em consequência os fatores de atualização de débitos trabalhistas permaneceram os mesmos em alguns meses.

Tabela FACDT
Fator de Atualização e Correção de Débitos
Trabalhistas Índices Diários

DIA	JULHO
01/07/13	955,110910
02/07/13	955,119618
03/07/13	955,128296
04/07/13	955,136975
05/07/13	955,145653
06/07/13	955,154332
07/07/13	955,154332
08/07/13	955,154332
09/07/13	955,163010
10/07/13	955,171689
11/07/13	955,180368
12/07/13	955,189046
13/07/13	955,197725
14/07/13	955,197725
15/07/13	955,197725
16/07/13	955,206404
17/07/13	955,215083
18/07/13	955,223763
19/07/13	955,232442
20/07/13	955,241121
21/07/13	955,241121
22/07/13	955,241121
23/07/13	955,249800
24/07/13	955,258480
25/07/13	955,267159
26/07/13	955,275839
27/07/13	955,284519
28/07/13	955,284519
29/07/13	955,284519
30/07/13	955,293198
31/07/13	955,301878

Anexo D

SÚMULAS DO TST
Relacionadas aos Cálculos
SEPARADAS POR ASSUNTO
Atualizadas até junho/2009

ACIDENTE DE TRABALHO

Nº 46 Acidente de trabalho.
As faltas ou ausências decorrentes de acidente do trabalho não são consideradas para os efeitos de duração de férias e cálculo da gratificação natalina. (RA 41/1973, DJ 14.06.1973)

ADICIONAL DE INSALUBRIDADE

Nº 74 Adicional de insalubridade (mantida) Res. 121/2003, DJ 19, 20 e 21.11.2003. O trabalho executado em condições insalubres, em caráter intermitente, não afasta, só por essa circunstância, o direito à percepção do respectivo adicional. Histórico: Redação original - RA 41/1973, DJ 14.06.1973.

Nº 139 Adicional de insalubridade. (incorporada a Orientação Jurisprudencial nº 102 da SBDI-1) - Res. 129/2005 - DJ 20.04.2005.
Enquanto percebido, o adicional de insalubridade integra a remuneração para todos os efeitos legais. (ex-OJ nº 102 - Inserida em 01.10.1997) Redação original - RA 102/1982, DJ 11.10.1982 e DJ 15.10.1982.

Nº 228 Adicional de insalubridade. Base de cálculo - (redação alterada na sessão do Tribunal Pleno em 26.06.2008) - Res. 148/2008, DJ 04 e 07.07.2008 - Republicada DJ 08, 09 e 10.07.2008. A partir de 9 de maio de 2008, data da publicação da Súmula Vinculante nº 4 do Supremo Tribunal Federal, o adicional de insalubridade será calculado sobre o salário básico, salvo critério mais vantajoso fixado em instrumento coletivo.

Nº 248 Adicional de Insalubridade. Direito adquirido (mantida) - Res. 121/2003, DJ 19, 20 e 21.11.2003.
A reclassificação ou a descaracterização da insalubridade, por ato da autoridade competente, repercute na satisfação do respectivo adicional, sem ofensa a direito adquirido ou ao princípio da irredutibilidade salarial. Redação original - Res. 17/1985, DJ 13, 14 e 15.01.1986

ADICIONAL NOTURNO

Nº 60 Adicional noturno. Integração no salário e prorrogação em horário diurno. (Incorporada a Orientação Jurisprudencial nº 6 da SBDI-1) - Res. 129/2005 - DJ 20.04.2005.
I - O adicional noturno, pago com habitualidade, integra o salário do empregado para todos os efeitos. (ex-Súmula nº 60 - RA 105/74, DJ 24.10.1974)

II - Cumprida integralmente e prorrogada a jornada no período noturno, devido é também o adicional quanto às horas prorrogadas. Exegese do art. 73, § 5º, da CLT. (ex-OJ nº 6 - Inserida em 25.11.1996)
Redação original - RA 105/74, DJ 24.10.1974.

Nº 65 Vigia
O direito à hora reduzida de 52 minutos e 30 segundos aplica-se ao vigia noturno.
(RA 5/1976, DJ 26.02.1976)

Nº 140 Vigia.
É assegurado ao vigia sujeito ao trabalho noturno o direito ao respectivo adicional. Ex-prejulgado nº 12.
(RA 102/1982, DJ 11.10.1982 e DJ 15.10.1982)

Nº 112 Trabalho noturno. Petróleo.
O trabalho noturno dos empregados nas atividades de exploração, perfuração, produção e refinação do petróleo, industrialização do xisto, indústria petroquímica e transporte de petróleo e seus derivados, por meio de dutos, é regulado pela Lei nº 5.811, de 11.10.1972, não se lhe aplicando a hora reduzida de 52 minutos e 30 segundos prevista no art. 73, § 2º, da CLT.
(RA 107/1980, DJ 10.10.1980)

Nº 265 Alteração de turno de trabalho. Possibilidade de supressão (mantida) - Res. 121/2003, DJ 19, 20 e 21.11.2003. A transferência para o período diurno de trabalho implica a perda do direito ao adicional noturno.

ADICIONAL DE PERICULOSIDADE

Nº 39 Adicional de Periculosidade - Os empregados que operam em bomba de gasolina têm direito ao adicional de periculosidade (Lei nº 2.573, de 15.08.1955).
(RA 41/1973, DJ 14.06.1973)

Nº 70 Adicional de Periculosidade - O adicional de periculosidade não incide sobre os triênios pagos pela Petrobras.
(RA 69/1978, DJ 26.09.1978)

Nº 132 Adicional de Periculosidade. Integração. (Incorporadas as Orientações Jurisprudenciais nºs 174 e 267 da SBDI-1) - Res. 129/2005 - DJ 20.04.2005.
I - O adicional de periculosidade, pago em caráter permanente, integra o cálculo de indenização e de horas extras. (ex-prejulgado nº 3). (ex-Súmula nº 132 - RA 102/1982, DJ 11.10.1982/ DJ 15.10.1982 e ex-OJ nº 267 - Inserida em 27.09.2002)
II - Durante as horas de sobreaviso, o empregado não se encontra em condições de risco, razão pela qual é incabível a integração do adicional de periculosidade sobre as mencionadas horas. (ex-OJ nº 174 - Inserida em 08.11.2000) Redação original - RA 102/1982, DJ 11.10.1982 e DJ 15.10.1982.

Nº 191 Adicional. Periculosidade. Incidência - Nova redação - Res. 121/2003, DJ 21.11.2003. O adicional de periculosidade incide apenas sobre o salário básico,

e não sobre este acrescido de outros adicionais. Em relação aos eletricitários, o cálculo do adicional de periculosidade deverá ser efetuado sobre a totalidade das parcelas de natureza salarial.
Redação original - Res. 13/1983, DJ 09.11.1983

AVISO-PRÉVIO

Nº 44 Aviso-Prévio - A cessação da atividade da empresa, com o pagamento da indenização, simples ou em dobro, não exclui, por si só, o direito do empregado ao aviso-prévio.
(RA 41/1973, DJ 14.06.1973)

Nº 73 Despedida. Justa causa - Nova redação - Res. 121/2003, DJ 21.11.2003.
A ocorrência de justa causa, salvo a de abandono de emprego, no decurso do prazo do aviso-prévio dado pelo empregador, retira do empregado qualquer direito às verbas rescisórias de natureza indenizatória.
Redação original - RA 69/1978, DJ 26.09.1978

Nº 163 Aviso-Prévio. Contrato de Experiência.
Cabe aviso-prévio nas rescisões antecipadas dos contratos de experiência, na forma do art. 481 da CLT. Ex-prejulgado nº 42.
(RA 102/1982, DJ 11.10.1982 e DJ 15.10.1982)

Nº 182 Aviso-Prévio. Indenização Compensatória. Lei nº 6.708, de 30.10.1979 - Redação dada pela Res. 5/1983, DJ 09.11.1983.
O tempo do aviso-prévio, mesmo indenizado, conta-se para efeito da indenização adicional prevista no art. 9º da Lei nº 6.708, de 30.10.1979. Redação original - Res. 3/1983, DJ 19.10.1983

Nº 380 Aviso-Prévio. Início da contagem. Art. 132 do Código Civil de 2002. (conversão da Orientação Jurisprudencial nº 122 da SBDI-1) - Res. 129/2005 - DJ 20.04.2005.
Aplica-se a regra prevista no "caput" do art. 132 do Código Civil de 2002 à contagem do prazo do aviso-prévio, excluindo-se o dia do começo e incluindo o do vencimento. (ex-OJ nº 122 - Inserida em 20.04.1998)

BANCÁRIOS

Nº 93 Bancário. Integra a remuneração do bancário a vantagem pecuniária por ele auferida na colocação ou na venda de papéis ou valores mobiliários de empresas pertencentes ao mesmo grupo econômico, se exercida essa atividade no horário e no local de trabalho e com o consentimento, tácito ou expresso, do banco empregador.
(RA 121/1979, DJ 27.11.1979)

Nº 102 Bancário. Cargo de confiança. (incorporadas as Súmulas nºs 166, 204 e 232 e as Orientações Jurisprudenciais nºs 15, 222 e 288 da SBDI-1) - Res. 129/2005 - DJ 20.04.2005
I - A configuração, ou não, do exercício da função de confiança a que se refere o art. 224, § 2º, da CLT, dependente da prova das reais atribuições do em-

Cálculos Trabalhistas

pregado, é insuscetível de exame mediante recurso de revista ou de embargos. (ex-Súmula nº 204 - RA 121/2003, DJ 21.11.2003)

II - O bancário que exerce a função a que se refere o § 2º do art. 224 da CLT e recebe gratificação não inferior a um terço de seu salário já tem remuneradas as duas horas extraordinárias excedentes de seis. (ex-Súmula nº 166 - RA 102/1982, DJ 11.10.1982 e DJ 15.10.1982)

III - Ao bancário exercente de cargo de confiança previsto no artigo 224, § 2º, da CLT são devidas a 7ª e 8ª horas, como extras, no período em que se verificar o pagamento a menor da gratificação de 1/3. (ex-OJ nº 288 - DJ 11.08.2003)

IV - O bancário sujeito à regra do art. 224, § 2º, da CLT cumpre jornada de trabalho de 8 (oito) horas, sendo extraordinárias as trabalhadas além da oitava. (ex-Súmula nº 232- RA 14/1985, DJ 19.09.1985)

V - O advogado empregado de banco, pelo simples exercício da advocacia, não exerce cargo de confiança, não se enquadrando, portanto, na hipótese do § 2º do art. 224 da CLT. (ex-OJ nº 222 - Inserida em 20.06.2001)

VI - O caixa bancário, ainda que caixa executivo, não exerce cargo de confiança. Se perceber gratificação igual ou superior a um terço do salário do posto efetivo, essa remunera apenas a maior responsabilidade do cargo, e não as duas horas extraordinárias além da sexta. (ex-Súmula nº 102 - RA 66/1980, DJ 18.06.1980 e republicada DJ 14.07.1980)

VII - O bancário exercente de função de confiança, que percebe a gratificação não inferior ao terço legal, ainda que norma coletiva contemple percentual superior, não tem direito à sétima e oitava horas como extras, mas tão somente às diferenças de gratificação de função, se postuladas. (ex-OJ nº 15 - Inserida em 14.03.1994)

Redação original - RA 66/1980, DJ 18.06.1980 - Republicada DJ 14.07.1980.

Nº 109 Gratificação de função - Redação dada pela RA 97/1980, DJ 19.09.1980.

O bancário não enquadrado no § 2º do art. 224 da CLT, que receba gratificação de função, não pode ter o salário relativo a horas extraordinárias compensado com o valor daquela vantagem.

Redação original - RA 89/1980, DJ 29.08.1980.

Nº 113 Bancário. Sábado. Dia útil.

O sábado do bancário é dia útil não trabalhado, não dia de repouso remunerado. Não cabe a repercussão do pagamento de horas extras habituais em sua remuneração.

(RA 115/1980, DJ 03.11.1980)

Nº 124 Bancário. Hora de salário. Divisor.

Para o cálculo do valor do salário-hora do bancário mensalista, o divisor a ser adotado é 180 (cento e oitenta).

(RA 82/1981, DJ 06.10.1981)

Nº 166 Bancário. Cargo de confiança. Jornada de trabalho. Incorporada à Súmula 102/TST.

Nº 199 Bancário. Pré-contratação de horas extras. (incorporadas as Orientações Jurisprudenciais nºs 48 e 63 da SBDI-1) - Res. 129/2005 - DJ 20.04.2005.
I - A contratação do serviço suplementar, quando da admissão do trabalhador bancário, é nula. Os valores assim ajustados apenas remuneram a jornada normal, sendo devidas as horas extras com o adicional de, no mínimo, 50% (cinquenta por cento), as quais não configuram pré-contratação, se pactuadas após a admissão do bancário. (ex-Súmula nº 199, Res. 41/1995, DJ 17.02.1995 e ex-OJ 48 - Inserida em 25.11.1996)
II - Em se tratando de horas extras pré-contratadas, opera-se a prescrição total se a ação não for ajuizada no prazo de cinco anos, a partir da data em que foram suprimidas. (ex-OJ nº 63 - Inserida em 14.03.1994)
Redação dada pela Res. 41/1995, DJ 17.02.1995.

Nº 226 Bancário. Gratificação por tempo de serviço. Integração no cálculo das horas extras. A gratificação por tempo de serviço integra o cálculo das horas extras.
(Res. 14/1985, DJ 19.09.1985)

Nº 232 Bancário. Cargo de confiança. Jornada. Horas extras. Incorporada à Súmula 102/TST.

Nº 240 Bancário. Gratificação de função e adicional por tempo de serviço O adicional por tempo de serviço integra o cálculo da gratificação prevista no art. 224, § 2º, da CLT.
(Res. 15/1985, DJ 09.12.1985)

Nº 247 Quebra de caixa. Natureza jurídica.
A parcela paga aos bancários sob a denominação "quebra de caixa" possui natureza salarial, integrando o salário do prestador de serviços, para todos os efeitos legais.
(Res. 16/1985, DJ 13.01.1986)

Nº 287 Jornada de trabalho. Gerente bancário - Nova redação Res. TST 121/03.
A jornada de trabalho do empregado de banco gerente de agência é regida pelo art. 224, § 2º, da CLT. Quanto ao gerente-geral de agência bancária, presume-se o exercício de encargo de gestão, aplicando-se-lhe o art. 62 da CLT.
Redação original - Res. 20/1988, DJ 18.03.1988.

Nº 343 Bancário. Hora de salário. Divisor - Revisão do Enunciado nº 267 - Res. 2/1987, DJ 14.12.1987.
O bancário sujeito à jornada de 8 (oito) horas (art. 224, § 2º, da CLT), após a CF/1988, tem salário-hora calculado com base no divisor 220 (duzentos e vinte), não mais 240 (duzentos e quarenta).
(Res. 48/1995, DJ 30.08.1995)

COMPENSAÇÃO DE JORNADA

Nº 85 Compensação de jornada. (incorporadas as Orientações Jurisprudenciais nºs 182, 220 e 223 da SBDI-1) - Res. 129/2005 - DJ 20.04.2005.

I. A compensação de jornada de trabalho deve ser ajustada por acordo individual escrito, acordo coletivo ou convenção coletiva. (ex-Súmula nº 85 - primeira parte - Res. 121/2003, DJ 21.11.2003).

II. O acordo individual para compensação de horas é válido, salvo se houver norma coletiva em sentido contrário. (ex-OJ nº 182 - Inserida em 08.11.2000) III. O mero não atendimento das exigências legais para a compensação de jornada, inclusive quando encetada mediante acordo tácito, não implica a repetição do pagamento das horas excedentes à jornada normal diária, se não dilatada a jornada máxima semanal, sendo devido apenas o respectivo adicional. (ex-Súmula nº 85 - segunda parte- Res. 121/2003, DJ 21.11.2003)

IV. A prestação de horas extras habituais descaracteriza o acordo de compensação de jornada. Nesta hipótese, as horas que ultrapassarem a jornada semanal normal deverão ser pagas como horas extraordinárias e, quanto àquelas destinadas à compensação, deverá ser pago a mais apenas o adicional por trabalho extraordinário. (ex-OJ nº 220 - Inserida em 20.06.2001) Redação dada pela Res. 121/2003, DJ 21.11.2003

COMISSÕES

Nº 27 Comissionista.
É devida a remuneração do repouso semanal e dos dias feriados ao empregado comissionista, ainda que pracista.
(RA 57/1970 DO-GB 27-11-1970)

Nº 340 Comissionista. Horas extras - Nova redação Res. TST 121/03.
O empregado, sujeito a controle de horário, remunerado à base de comissões, tem direito ao adicional de, no mínimo, 50% (cinquenta por cento) pelo trabalho em horas extras, calculado sobre o valor-hora das comissões recebidas no mês, considerando-se como divisor o número de horas efetivamente trabalhadas. Revisão do Enunciado nº 56 - RA 105/1974, DJ 24.10.1974.
Redação original - Res. 40/1995, DJ 17.02.1995.

CONTRIBUIÇÃO PREVIDENCIÁRIA E FISCAL

Nº 53 Descontos Fiscais e Juros de Mora. Base de Cálculo.
Os juros de mora sobre o crédito trabalhista não integram a base de cálculo dos descontos fiscais.

Nº 368 Descontos previdenciários e fiscais. Competência. Responsabilidade pelo pagamento. Forma de cálculo. (conversão das Orientações Jurisprudenciais nos 32, 141 e 228 da SDI-1) Alterada pela Res. 138/2005, DJ 23.11.2005

I. A Justiça do Trabalho é competente para determinar o recolhimento das contribuições fiscais. A competência da Justiça do Trabalho, quanto à execução das contribuições previdenciárias, limita-se às sentenças condenatórias em pecúnia que proferir e aos valores, objeto de acordo homologado, que integrem o salário-de-contribuição. (ex-OJ nº 141 - Inserida em 27.11.1998).

II. É do empregador a responsabilidade pelo recolhimento das contribuições previdenciárias e fiscais, resultante de crédito do empregado oriundo de condenação judicial, devendo incidir, em relação aos descontos fiscais, sobre o valor total da condenação, referente às parcelas tributáveis, calculado ao final, nos termos da Lei nº 8.541/1992, art. 46 e Provimento da CGJT nº 03/2005. (ex-OJ nº 32 - Inserida em 14.03.1994 e OJ nº 228 - Inserida em 20.06.2001)

III. Em se tratando de descontos previdenciários, o critério de apuração encontra-se disciplinado no art. 276, § 4º, do Decreto nº 3.048/99 que regulamentou a Lei nº 8.212/91 e determina que a contribuição do empregado, no caso de ações trabalhistas, seja calculada mês a mês, aplicando-se as alíquotas previstas no art. 198, observado o limite máximo do salário-de-contribuição. (ex-OJ nº 32 - Inserida em 14.03.1994 e OJ 228 - Inserida em 20.06.2001) Redação Original.

Nº 368 Descontos previdenciários e fiscais. Competência. Responsabilidade pelo pagamento. Forma de cálculo. (conversão das Orientações Jurisprudenciais nºs 32, 141 e 228 da SBDI-1) - Res. 129/2005 - DJ 20.04.2005 – Republicada com correção no DJ 05.05.2005.

CORREÇÃO MONETÁRIA

Nº 187 Correção monetária. Incidência.
A correção monetária não incide sobre o débito do trabalhador reclamante.
(Res. 9/1983 DJ 09-11-1983)

Nº 193 Correção monetária. Juros. Cálculo. Execução de sentença. Pessoa jurídica de direito público – CANCELADA PELA Res. 105/2000 DJ 18.12.2000
A Res. 105/00 cancelou a Súmula 193, tendo em vista a incompatibilidade com a nova redação do art. 100, § 1º, da Constituição Federal introduzida pela Emenda Constitucional no 30, de 13 de setembro de 2000. De acordo com o art. 100, § 1º da CF, os precatórios serão pagos "até o final do exercício seguinte, quando terão seus valores atualizados".

Nº 211 Juros da mora e correção monetária. Independência do pedido inicial e do título executivo judicial.
Os juros de mora e a correção monetária incluem-se na liquidação, ainda que omisso o pedido inicial ou a condenação.
(Res. 14/1985 DJ 19-09-1985)
Referência: CLT, art. 883 - CPC, arts. 293 e 610 - Del nº 75/66, art. 1º.

Nº 304 Correção monetária. Empresas em liquidação. Art. 46 do ADCT/CF - Revisão do Enunciado nº 284.
Os débitos trabalhistas das entidades submetidas aos regimes de intervenção ou liquidação extrajudicial estão sujeitos a correção monetária desde o respectivo vencimento até seu efetivo pagamento, sem interrupção ou suspensão, não incidindo, entretanto, sobre tais débitos, juros de mora.
(Res. 2/1992 DJ 05-11-1992) Referência: ADCT, art. 46.

Nº 311 Benefício previdenciário a dependente de ex-empregado. Correção monetária. Legislação aplicável.
O cálculo da correção monetária incidente sobre débitos relativos a benefícios previdenciários devidos a dependentes de ex-empregado pelo empregador, ou por entidade de previdência privada a ele vinculada, será o previsto na Lei nº 6.899, de 08.04.1981.
(Res. 2/1993, DJ 06.05.1993 - Republicada DJ 14.05.1993)

Cálculos Trabalhistas

Nº 381 Correção monetária. Salário. ART. 459 DA CLT. (Conversão da Orientação Jurisprudencial nº 124 da SBDI-1) - Res. 129/2005 - DJ 20.04.2005
O pagamento dos salários até o 5º dia útil do mês subsequente ao vencido não está sujeito à correção monetária. Se essa data limite for ultrapassada, incidirá o índice da correção monetária do mês subsequente ao da prestação dos serviços, a partir do dia 1º. (ex-OJ nº 124 - Inserida em 20.04.1998)

CULPA RECÍPROCA

Nº 14 Culpa recíproca - Nova redação - Res. 121/2003, DJ 21.11.2003. Reconhecida a culpa recíproca na rescisão do contrato de trabalho (art. 484 da CLT), o empregado tem direito a 50% (cinquenta por cento) do valor do aviso-prévio, do décimo terceiro salário e das férias proporcionais.
Redação original - RA 28/1969, DO-GB 21.08.1969

DÉCIMO TERCEIRO SALÁRIO

Nº 2 Gratificação natalina – Cancelada pela Res. TST 121/03.

Nº 3 Gratificação natalina – Cancelada pela Res. TST 121/03.

Nº 45 Serviço suplementar.
A remuneração do serviço suplementar, habitualmente prestado, integra o cálculo da gratificação natalina prevista na Lei nº 4.090, de 13.07.1962.
(RA 41/1973, DJ 14.06.1973)

Nº 148 Gratificação natalina.
É computável a gratificação de Natal para efeito do cálculo da indenização. Ex-prejulgado nº 20.
(RA 102/1982 DJ 11-10-1982 e DJ 15-10-1982)

Nº 157 Gratificação.
A gratificação instituída pela Lei nº 4.090, de 13.07.1962 é devida na resilição contratual de iniciativa do empregado. Ex-prejulgado nº 32.
(RA 102/1982, DJ 11.10.1982 e DJ 15.10.1982)

DIÁRIAS

Nº 101 Diárias de viagem. Salário. (incorporada a Orientação Jurisprudencial nº 292 da SBDI-1) - Res. 129/2005 - DJ 20.04.2005.
Integram o salário, pelo seu valor total e para efeitos indenizatórios, as diárias de viagem que excedam a 50% (cinquenta por cento) do salário do empregado, enquanto perdurarem as viagens. (Primeira parte - ex-Súmula nº 101 - RA 65/1980, DJ 18.06.1980; segunda parte - ex-OJ nº 292 - Inserida em 11.08.2003).
Redação original - RA 65/1980, DJ 18.06.1980.

Nº 318 Diárias. Base de cálculo para sua integração ao salário.
Tratando-se de empregado mensalista, a integração das diárias ao salário deve ser feita tomando-se por base o salário mensal por ele percebido, e não o salário-dia, somente sendo devida a referida integração quando o valor das diárias, no mês, for superior à metade do salário mensal.
(Res. 10/1993 DJ 29-11-1993).

FÉRIAS

Nº 7 Férias.
A indenização pelo não deferimento das férias no tempo oportuno será calculada com base na remuneração devida ao empregado à época da reclamação ou, se for o caso, à da extinção do contrato. (RA 28/1969 DO-GB 21-08-1969).

Nº 10 Férias Professor - É assegurado aos professores o pagamento dos salários no período de férias escolares. Se despedido sem justa causa ao terminar o ano letivo ou no curso dessas férias, faz jus aos referidos salários. (RA 28/1969, DO-GB 21.08.1969).

Nº 46 Acidente de trabalho.
As faltas ou ausências decorrentes de acidente do trabalho não são consideradas para os efeitos de duração de férias e cálculo da gratificação natalina. (RA 41/1973, DJ 14.06.1973).

Nº 81 Férias.
Os dias de férias, gozados após o período legal de concessão, deverão ser remunerados em dobro. (RA 69/1978 DJ 26-09-1978).

Nº 89 Falta ao serviço.
Se as faltas já são justificadas pela lei, consideram-se como ausências legais e não serão descontadas para o cálculo do período de férias. (RA 69/1978, DJ 26.09.1978).

Nº 149 Tarefeiro. Férias.
A remuneração das férias do tarefeiro deve ser na base da média da produção do período aquisitivo, aplicando-se-lhe a tarifa da data da concessão. Ex-prejulgado nº 22. (RA 102/1982 DJ 11-10-1982 e DJ 15-10-1982)

Nº 151 Férias. Remuneração – Cancelada pela Res. TST 121/03.

Nº 171 Férias proporcionais. Contrato de trabalho. Extinção - Republicado em razão de erro material no registro da referência legislativa - DJ 05.05.2004. Salvo na hipótese de dispensa do empregado por justa causa, a extinção do contrato de trabalho sujeita o empregador ao pagamento da remuneração das férias proporcionais, ainda que incompleto o período aquisitivo de 12 (doze) meses (art. 147 da CLT). Ex-prejulgado nº 51.

Nº 261 Férias proporcionais. Pedido de demissão. Contrato vigente há menos de um ano - Nova redação. O empregado que se demite antes de completar 12 (doze) meses de serviço tem direito a férias proporcionais. Redação original - Res. 9/1986, DJ 30.10.1986 - Republicada com correção DJ 06.11.1986.

Nº 328 Férias. Terço constitucional.
O pagamento das férias, integrais ou proporcionais, gozadas ou não, na vigência da CF/1988, sujeita-se ao acréscimo do terço previsto no respectivo art. 7º, XVII. (Res. 20/1993, DJ 21.12.1993)

Cálculos Trabalhistas

FGTS

Nº 63 Fundo de garantia.
A contribuição para o Fundo de Garantia do Tempo de Serviço incide sobre a remuneração mensal devida ao empregado, inclusive horas extras e adicionais eventuais.
(RA 105/1974 DJ 24-10-1974)

Nº 206 FGTS. Incidência sobre parcelas prescritas - Nova redação - Res. 121/2003, DJ 21.11.2003.
A prescrição da pretensão relativa às parcelas remuneratórias alcança o respectivo recolhimento da contribuição para o FGTS. Redação original - Res. 12/1985, DJ 11.07.1985

Nº 305 Fundo de Garantia do Tempo de Serviço. Incidência sobre o aviso-prévio.
O pagamento relativo ao período de aviso prévio, trabalhado ou não, está sujeito a contribuição para o FGTS.
(Res. 3/1992 DJ 05-11-1992) Referência: CLT, art. 487, § 1º.

Nº 362 FGTS. Prescrição - Nova redação - Res. 121/2003, DJ 21.11.2003. É trintenária a prescrição do direito de reclamar contra o não recolhimento da contribuição para o FGTS, observado o prazo de 2 (dois) anos após o término do contrato de trabalho.
Redação original - Res. 90/1999, DJ 03.09.1999.

GORJETAS

Nº 354 Gorjetas. Natureza jurídica. Repercussões - Revisão do Enunciado nº 290.
As gorjetas, cobradas pelo empregador na nota de serviço ou oferecidas espontaneamente pelos clientes, integram a remuneração do empregado, não servindo de base de cálculo para as parcelas de aviso-prévio, adicional noturno, horas extras e repouso semanal remunerado.
(Res. 71/1997 DJ 30-05-1997)

GRATIFICAÇÃO SEMESTRAL

Nº 78 Gratificação –Cancelada pela Res. TST 121/03.

Nº 115 Horas extras. Gratificações semestrais - Nova redação Res. 121/03.
O valor das horas extras habituais integra a remuneração do trabalhador para o cálculo das gratificações semestrais.
Redação original - RA 117/1980, DJ 03.11.1980.

Nº 253 Gratificação semestral. Repercussões - Nova redação Res. TST 121/03.
A gratificação semestral não repercute no cálculo das horas extras, das férias e do aviso-prévio, ainda que indenizados. Repercute, contudo, pelo seu duo-décimo na indenização por antiguidade e na gratificação natalina.
Redação original - Res. 1/1986, DJ 23.05.1986

GRATIFICAÇÃO POR TEMPO DE SERVIÇO

Nº 202 Gratificação por tempo de serviço. Compensação.
Existindo, ao mesmo tempo, gratificação por tempo de serviço outorgada pelo empregador e outra da mesma natureza prevista em acordo coletivo, convenção coletiva ou sentença normativa, o empregado tem direito a receber, exclusivamente, a que lhe seja mais benéfica.
(Res. 8/1985, DJ 11.07.1985)
Nº 203 Gratificação por tempo de serviço. Natureza salarial.
A gratificação por tempo de serviço integra o salário para todos os efeitos legais.
(Res. 9/1985, DJ 11.07.1985)

HORAS EXTRAS/JORNADA DE TRABALHO

Nº 24 Súmula nº 24 do TST.
Insere-se no cálculo da indenização por antigüidade o salário relativo a serviço extraordinário, desde que habitualmente prestado.- (Res. 121/2003, DJ 19, 20 e 21.11.2003)
(RA 41/1973 DJ 14-06-1973) Referência: Lei nº 4.090/62.

Nº 45 Serviço suplementar. A remuneração do serviço suplementar, habitualmente prestado, integra o cálculo da gratificação natalina prevista na Lei nº 4090 de 1962.
(RA 41/1973 DJ 14-06-1973) Referência: Lei nº 4.090/62.

Nº 94 Horas extras – Cancelada pela Res. TST 121/03.

Nº 96 Marítimo. Jornada de trabalho. A permanência do tripulante a bordo do navio, no período de repouso, além da jornada, não Importa presunção de que esteja à disposição do empregador ou em regime de prorrogação de horário, circunstâncias que devem resultar provadas, dada a natureza do serviço.
(RA 45/1980, DJ 16.05.1980)

Nº 110 Jornada de trabalho. Intervalo. No regime de revezamento, as horas trabalhadas em seguida ao repouso semanal de 24 horas, com prejuízo do intervalo mínimo de 11 horas consecutivas para descanso entre jornadas, devem ser remuneradas como extraordinárias, inclusive com o respectivo adicional.
(RA 101/1980, DJ 25.09.1980)

Nº 115 Horas extras. Gratificações semestrais - Nova redação Res. 121/03 O valor das horas extras habituais integra a remuneração do trabalhador para o cálculo das gratificações semestrais.
Redação original - RA 117/1980, DJ 03.11.1980.

Nº 118 Jornada de trabalho. Horas extras. Os intervalos concedidos pelo empregador, na jornada de trabalho, não previstos em lei, representam tempo à disposição da empresa, remunerados como serviço extraordinário, se acrescidos ao final da jornada.
(RA 12/1981 DJ 19-03-1981)

Cálculos Trabalhistas

Nº 172 Repouso remunerado. Horas extras. Cálculo. Computam-se no cálculo do repouso remunerado as horas extras habitualmente prestadas. Ex-prejulgado nº 52.
(RA 102/1982, DJ 11.10.1982 e DJ 15.10.1982)

Nº 199 Bancário. Pré-contratação de horas extras. (incorporadas as Orientações Jurisprudenciais nºs 48 e 63 da SBDI-1) - Res. 129/2005 - DJ 20.04.2005.
I - A contratação do serviço suplementar, quando da admissão do trabalhador bancário, é nula. Os valores assim ajustados apenas remuneram a jornada normal, sendo devidas as horas extras com o adicional de, no mínimo, 50% (cinquenta por cento), as quais não configuram pré-contratação, se pactuadas após a admissão do bancário. (ex-Súmula nº 199, Res. 41/1995, DJ 17.02.1995 e ex-OJ 48 - Inserida em 25.11.1996)
II - Em se tratando de horas extras pré-contratadas, opera-se a prescrição total se a ação não for ajuizada no prazo de cinco anos, a partir da data em que foram suprimidas. (ex-OJ nº 63 - Inserida em 14.03.1994)
Redação dada pela Res. 41/1995, DJ 17.02.1995

Nº 226 Bancário. Gratificação por tempo de serviço. Integração no cálculo das horas extras. A gratificação por tempo de serviço integra o cálculo das horas extras.
(Res. 14/1985, DJ 19.09.1985)

Nº 264 Hora suplementar. Cálculo.
A remuneração do serviço suplementar é composta do valor da hora normal, integrado por parcelas de natureza salarial e acrescido do adicional previsto em lei, contrato, acordo, convenção coletiva ou sentença normativa.
(Res. 12/1986 DJ 31-10-1986)
Referência: CLT, arts. 59, § 1º, 64 e 457

Nº 291 Horas extras . Habitualidade. Supressão. Indenização (nova redação em decorrência do julgamento do processo TST-IUJERR 10700-45.2007.5.22.0101) - Res. 174/2011, DEJT divulgado em 27, 30 e 31.05.2011. A supressão total ou parcial, pelo empregador, de serviço suplementar prestado com habitualidade, durante pelo menos 1 (um) ano, assegura ao empregado o direito à indenização correspondente ao valor de 1 (um) mês das horas suprimidas, total ou parcialmente, para cada ano ou fração igual ou superior a seis meses de prestação de serviço acima da jornada normal. O cálculo observará a média das horas suplementares nos últimos 12 (doze) meses anteriores à mudança, multiplicada pelo valor da hora extra do dia da supressão. Histórico: súmula mantida.
Súmula mantida (Res. 121/2003, DJ 19, 20 e 21.11.2003)
Referência: CF, art. 7º, inc. XIII - CLT, arts. 8º, 58, 59 e 61 - Lei nº 5811/72, art. 9º.

Nº 320 Horas "in itinere". Obrigatoriedade de cômputo na jornada de trabalho. O fato de o empregador cobrar, parcialmente ou não, importância pelo transporte fornecido, para local de difícil acesso ou não servido por transporte regular, não afasta o direito à percepção das horas "in itinere".
(Res. 12/1993, DJ 29.11.1993)

Nº 338 Jornada de trabalho. Registro. Ônus da prova. (incorporadas as Orientações Jurisprudenciais nºs 234 e 306 da SBDI-1) - Res. 129/2005 - DJ 20.04.2005.

I - É ônus do empregador que conta com mais de 10 (dez) empregados o registro da jornada de trabalho na forma do art. 74, § 2º, da CLT. A não apresentação injustificada dos controles de frequência gera presunção relativa de veracidade da jornada de trabalho, a qual pode ser elidida por prova em contrário. (ex-Súmula nº 338 - Res. 121, DJ 21.11.2003)
II - A presunção de veracidade da jornada de trabalho, ainda que prevista em instrumento normativo, pode ser elidida por prova em contrário. (ex-OJ nº 234 - Inserida em 20.06.2001)
III - Os cartões de ponto que demonstram horários de entrada e saída uniformes são inválidos como meio de prova, invertendo-se o ônus da prova, relativo às horas extras, que passa a ser do empregador, prevalecendo a jornada da inicial se dele não se desincumbir. (ex- OJ nº 306 - DJ 11.08.2003)
Histórico: Redação dada pela Res. 121/2003, DJ 21.11.2003.

Nº 340 Comissionista. Horas extras - Nova redação Res. 121/03.
O empregado, sujeito a controle de horário, remunerado à base de comissões, tem direito ao adicional de, no mínimo, 50% (cinquenta por cento) pelo trabalho em horas extras, calculado sobre o valor-hora das comissões recebidas no mês, considerando-se como divisor o número de horas efetivamente trabalhadas. Revisão do Enunciado nº 56 - RA 105/1974, DJ 24.10.1974.
Redação original - Res. 40/1995, DJ 17.02.1995.

Nº 347 Horas extras habituais. Apuração. Média física.
O cálculo do valor das horas extras habituais, para efeito de reflexos em verbas trabalhistas, observará o número das horas efetivamente prestadas e sobre ele aplica-se o valor do salário-hora da época do pagamento daquelas verbas. (Res. 57/1996 DJ 28-06-1996)

Nº 360 Turnos ininterruptos de revezamento. Intervalos intrajornada e semanal. A interrupção do trabalho destinada a repouso e alimentação, dentro de cada turno, ou o intervalo para repouso semanal, não descaracteriza o turno de revezamento com jornada de 6 (seis) horas previsto no art. 7º, XIV, da CF/1988. (Res. 79/1997, DJ 13.01.1998)

Nº 366 Cartão de ponto. Registro. Horas extras. Minutos que antecedem e sucedem a jornada de trabalho. (conversão das Orientações Jurisprudenciais nºs 23 e 326 da SBDI-1) - Res. 129/2005 - DJ 20.04.2005.
Não serão descontadas nem computadas como jornada extraordinária as variações de horário do registro de ponto não excedentes de cinco minutos, observado o limite máximo de dez minutos diários. Se ultrapassado esse limite, será considerada como extra a totalidade do tempo que exceder a jornada normal. (ex-OJs nº 23 - Inserida em 03.06.1996 e nº 326 - DJ 09.12.2003)

Nº 376 Horas extras. Limitação. Art. 59 da CLT. Reflexos. (conversão das Orientações Jurisprudenciais nºs 89 e 117 da SBDI-1) - Res. 129/2005 - DJ 20.04.2005
I - A limitação legal da jornada suplementar a duas horas diárias não exime o empregador de pagar todas as horas trabalhadas. (ex-OJ nº 117 - Inserida em 20.11.1997)
II - O valor das horas extras habitualmente prestadas integra o cálculo dos haveres trabalhistas, independentemente da limitação prevista no "caput" do art. 59 da CLT. (ex-OJ nº 89 - Inserida em 28.04.1997)

Cálculos Trabalhistas   **141**

Nº 431 Salário-hora. 40 Horas semanais. Cálculo.

Aplica-se o divisor 200 (duzentos) para o cálculo do valor do salário-hora do empregado sujeito a 40 (quarenta) horas semanais de trabalho.

HORAS "IN ITINERE"

Nº 90 Horas "in itinere". Tempo de serviço. (incorporadas as Súmulas nºs 324 e 325 e as Orientações Jurisprudenciais nºs 50 e 236 da SBDI-1) - Res. 129/2005 - DJ 20.04.2005.

I - O tempo despendido pelo empregado, em condução fornecida pelo empregador, até o local de trabalho de difícil acesso, ou não servido por transporte público regular, assim como para seu retorno, é computável na jornada de trabalho. (ex-Súmula nº 90 - RA 80/78, DJ 10.11.1978)

II - A incompatibilidade entre os horários de início e término da jornada do empregado e os do transporte público regular é circunstância que também gera o direito às horas "in itinere". (ex-OJ nº 50 - Inserida em 01.02.1995)

III - A mera insuficiência de transporte público não enseja o pagamento de horas "in itinere". (ex-Súmula nº 324 - RA 16/1993, DJ 21.12.1993)

IV - Se houver transporte público regular em parte do trajeto percorrido em condução da empresa, as horas "in itinere" remuneradas limitam-se ao trecho não alcançado pelo transporte público. (ex-Súmula nº 325 RA 17/1993, DJ 21.12.1993)

V - Considerando que as horas "in itinere" são computáveis na jornada de trabalho, o tempo que extrapola a jornada legal é considerado como extraordinário e sobre ele deve incidir o adicional respectivo. (ex-OJ nº 236 - Inserida em 20.06.2001)

Redação dada pela RA 80/78, DJ 10.11.1978

Nº 320 Horas "in itinere". Obrigatoriedade de cômputo na jornada de trabalho.

O fato de o empregador cobrar, parcialmente ou não, importância pelo transporte fornecido, para local de difícil acesso ou não servido por transporte regular, não afasta o direito à percepção das horas "in itinere".

(Res. 12/1993, DJ 29.11.1993)

HORAS DE SOBREAVISO

Nº 229 Sobreaviso. Eletricitários – Nova redação Res. 121/03.

Por aplicação analógica do art. 244, § 2º, da CLT, as horas de sobreaviso dos eletricitários são remuneradas à base de 1/3 sobre a totalidade das parcelas de natureza salarial.

Redação original - Res. 14/1985, DJ 19.09.1985

INDENIZAÇÃO ADICIONAL (LEI 6708/79 E 7238/84)

Nº 242 Indenização adicional. Valor.

A indenização adicional, prevista no art. 9º das Leis nº 6708/79 e 7238/84, corresponde ao salário mensal, no valor devido à data da comunicação do despedimento, integrado pelos adicionais legais ou convencionados, ligados à unidade de tempo mês, não sendo computável a gratificação natalina.

(Res. 15/1985 DJ 09-12-1985)

Referência: Leis nº 6708/79, art. 9º, e 7238/84, art. 9º - Dec. nº 84560/80, art. 4º, § 2º - CLT, arts. 457 e 458.

Nº 314 Indenização adicional. Verbas rescisórias. Salário corrigido. Se ocorrer a rescisão contratual no período de 30 (trinta) dias que antecede à data-base, observado o Enunciado nº 182 do TST, o pagamento das verbas rescisórias com o salário já corrigido não afasta o direito à indenização adicional prevista nas Leis nº 6.708, de 30.10.1979, e 7.238, de 28.10.1984.
(Res. 6/1993, DJ 22.09.1993)

INTERVALO

Nº 110 Jornada de trabalho. Intervalo.
No regime de revezamento, as horas trabalhadas em seguida ao repouso semanal de 24 horas, com prejuízo do intervalo mínimo de 11 horas consecutivas para descanso entre jornadas, devem ser remuneradas como extraordinárias, inclusive com o respectivo adicional.
(RA 101/1980 DJ 25-09-1980)

Nº 346 Digitador. Intervalos intrajornada. Aplicação analógica do art. 72, CLT. Os digitadores, por aplicação analógica do art. 72 da CLT, equiparam-se aos trabalhadores nos serviços de mecanografia (datilografia, escrituração ou cálculo), razão pela qual têm direito a intervalos de descanso de dez (10) minutos a cada noventa (90) de trabalho consecutivo.
(Res. 56/1996 DJ 28-06-1996)

JUROS DE MORA

Nº 53 do TRT4. Descontos fiscais. Juros de mora. Base de cálculo. Os juros de mora sobre o crédito trabalhista não integram a base de cálculo dos descontos fiscais.Resolução Administrativa nº 03/2011 Disponibilizada no DEJT dias 16, 17 e 20.6.2011, considerada publicada nos dias 17, 20 e 21.6.2011.

Nº 200 Juros de mora. Incidência.
Os juros da mora incidem sobre a importância da condenação já corrigida monetariamente.
(Res. 6/1985 DJ 18-06-1985)

Nº 211 Juros da mora e correção monetária. Independência do pedido inicial e do título executivo judicial.
Os juros de mora e a correção monetária incluem-se na liquidação, ainda que omisso o pedido inicial ou a condenação.
(Res. 14/1985 DJ 19-09-1985)
Referência: CLT, art. 883 - CPC, arts. 293 e 610 - Del nº 75/66, art. 1º.

Nº 307 Juros. Irretroatividade do Decreto-Lei nº 2.322, de 26.02.1987. A fórmula de cálculo de juros prevista no Decreto-Lei nº 2.322, de 26.02.1987 somente é aplicável a partir de 27.02.1987. Quanto ao período anterior, deve-se observar a legislação então vigente.
(Res. 5/1992, DJ 05.11.1992)

Cálculos Trabalhistas

SÚMULA 53 do TRT4. Descontos fiscais. Juros de mora. Base de cálculo.
Os juros de mora sobre o crédito trabalhista não integram a base de cálculo dos descontos fiscais. Resolução Administrativa nº 03/2011. Disponibilizada no DEJT dias 16, 17 e 20.6.2011, considerada publicada nos dias 17, 20 e 21.6.2011.

PRESCRIÇÃO QUINQUENAL

Nº 308 Prescrição quinquenal (incorporada à Orientação Jurisprudencial nº 204 da SBDI-1) - Res. 129/2005 - DJ 20.04.2005.
I. Respeitado o biênio subsequente à cessação contratual, a prescrição da ação trabalhista concerne às pretensões imediatamente anteriores a cinco anos, contados da data do ajuizamento da reclamação, e não às anteriores ao quinquênio da data da extinção do contrato. (ex-OJ nº 204 - Inserida em 08.11.2000)
II. A norma constitucional que ampliou o prazo de prescrição da ação trabalhista para 5 (cinco) anos é de aplicação imediata e não atinge pretensões já alcançadas pela prescrição bienal quando da promulgação da CF/1988. (ex-Súmula nº 308 - Res. 6/1992, DJ 05.11.1992) Redação original - Res. 6/1992, DJ 05.11.1992.

REAJUSTE SALARIAL

Nº 5 Reajustamento salarial – Cancelada pela Res. 121/03.

Nº 315 IPC de março/90. Lei nº 8030/90 (Plano Collor). Inexistência de direito adquirido.
A partir da vigência da Medida Provisória nº 154/90, convertida na Lei nº 8030/90, não se aplica o IPC de março de 1990, de 84,32%, para a correção dos salários, porque o direito ainda não se havia incorporado ao patrimônio jurídico dos trabalhadores, inexistindo ofensa ao inc. XXXVI do art. 5º da Constituição da República.
(Res. 7/1993 DJ 22-09-1993)

Nº 322 Diferenças salariais. Planos econômicos. Limite.
Os reajustes salariais decorrentes dos chamados gatilhos e URP's, previstos legalmente como antecipação, são devidos tão somente até a data-base de cada categoria.
(Res. 14/1993 DJ 21-12-1993)

Nº 375 Reajustes salariais previstos em norma coletiva. Prevalência da legislação de política salarial. (conversão da Orientação Jurisprudencial nº 69 da SBDI-1 e da Orientação Jurisprudencial nº 40 da SBDI-2) - Res. 129/2005 - DJ 20.04.2005.
Os reajustes salariais previstos em norma coletiva de trabalho não prevalecem frente à legislação superveniente de política salarial. (ex-OJs nº 69 da SBDI-1 - Inserida em 14.03.1994 e nº 40 da SBDI-2 - Inserida em 20.09.2000)

RSR

Nº 146 Trabalho em domingos e feriados, não compensado - Nova redação. Res. 121/03.

O trabalho prestado em domingos e feriados, não compensado, deve ser pago em dobro, sem prejuízo da remuneração relativa ao repouso semanal. Histórico: Redação original - RA 102/1982, DJ 11.10.1982 e DJ 15.10.1982.

Nº 172 Repouso remunerado. Horas extras. Cálculo.
Computam-se no cálculo do repouso remunerado as horas extras habitualmente prestadas. Ex-prejulgado nº 52.
(RA 102/1982, DJ 11.10.1982 e DJ 15.10.1982)

Nº 225 Repouso semanal. Cálculo. Gratificações de produtividade e por tempo de serviço.
As gratificações de produtividade e por tempo de serviço, pagas mensalmente, não repercutem no cálculo do repouso semanal remunerado. (Res. 14/1985 DJ 19-09-1985) Referência: Lei nº 605/49, art. 7º, § 2º.

Nº 351 Professor. Repouso semanal remunerado. Art. 7º, § 2º, da Lei nº 605, de 05.01.1949 e art. 320 da CLT.
O professor que recebe salário mensal à base de hora-aula tem direito ao acréscimo de 1/6 a título de repouso semanal remunerado, considerando-se para esse fim o mês de quatro semanas e meia.
(Res. 68/1997, DJ 30.05.1997)

SALÁRIO COMPLESSIVO

Nº 91 Salário complessivo.
Nula é a cláusula contratual que fixa determinada importância ou percentagem para atender englobadamente vários direitos legais ou contratuais do trabalhador.
(RA 69/1978, DJ 26.09.1978)

SALÁRIO UTILIDADE OU "IN NATURA"

Nº 241 Salário-utilidade. Alimentação.
O vale para refeição, fornecido por força do contrato de trabalho, tem caráter salarial, integrando a remuneração do empregado, para todos os efeitos legais.
(Res. 15/1985, DJ 09.12.1985)

Nº 258 Salário-utilidade. Percentuais - Nova redação - Res. 121/2003, DJ 21.11.2003.
Os percentuais fixados em lei relativos ao salário "in natura" apenas se referem às hipóteses em que o empregado percebe salário mínimo, apurando-se, nas demais, o real valor da utilidade.
Redação original - Res. 6/1986, DJ 31.10.1986.

Nº 367 Utilidades "in natura". Habitação. Energia elétrica. Veículo. Cigarro. Não integração ao salário. (conversão das Orientações Jurisprudenciais nº 24, 131 e 246 da SBDI-1) - Res. 129/2005 - DJ 20.04.2005. I - A habitação, a energia elétrica e veículo fornecidos pelo empregador ao empregado, quando indispensáveis para a realização do trabalho, não têm natureza salarial, ainda que, no caso de veículo, seja ele utilizado pelo em- pregado também em atividades particulares. (ex-OJs nº 131 - Inserida em 20.04.1998 e ratificada pelo Tribunal Pleno em 07.12.2000 e nº 246 - Inserida em 20.06.2001) II - O cigarro não se considera salário utilidade em face de sua nocividade à saúde. (ex-OJ nº 24 - Inserida em 29.03.1996)

TURNO ININTERRUPTO DE REVEZAMENTO

Nº 360 Res. 121/2003, DJ 19, 20 e 21.11.2003A interrupção do trabalho destinada a repouso e alimentação, dentro de cada turno, ou o intervalo para repouso semanal, não descaracteriza o turno de revezamento com jornada de 6 (seis) horas previsto no art. 7º, XIV, da CF/1988.

Nº 423 Turno ininterrupto de revezamento. Fixação de jornada de trabalho mediante negociação coletiva. validade. (conversão da Orientação Jurisprudencial nº 169 da SBDI-I - Res. 139/2006 – DJ 10.10.2006).
Estabelecida jornada superior a seis horas, limitada a oito horas por meio de regular negociação coletiva, os empregados submetidos a turnos ininterruptos de revezamento não têm direito ao pagamento da 7ª e 8ª horas como extras.

VERBAS RESCISÓRIAS

Nº 69 Rescisão do contrato - Nova redação Res. 121/03.
A partir da Lei nº 10.272, de 05.09.2001, havendo rescisão do contrato de trabalho e sendo revel e confesso quanto à matéria de fato, deve ser o empregador condenado ao pagamento das verbas rescisórias, não quitadas na primeira audiência, com acréscimo de 50% (cinqüenta por cento).
Redação original - RA 10/1977, DJ 11.02.1977.

Impressão:
Evangraf
Rua Waldomiro Schapke, 77 - POA/RS
Fone: (51) 3336.2466 - (51) 3336.0422
E-mail: evangraf.adm@terra.com.br